방송동시통역사,

기자처럼 뛰고
아나운서처럼 말한다

15년 경력 동시통역사가 전하는
생생한 방송통역 이야기

방송동시통역사,
기자처럼 뛰고
아나운서처럼 말한다

이지연 지음

사랑하는 남편 김상범 님과 딸 가현이에게

이 책을 바칩니다.

추천사 _ 한국번역학회 회장 한일동

이지연 교수는 지난 15년간 몸담았던 YTN의 숨 가빴던 방송 현장만큼이나 삶을 치열하게 살아온 사람이다. 이 교수 자신이 삶의 이력을 진솔하게 밝힌 바대로, 그녀는 단 한 번도 해외로 유학한 경험이 없는 토종의 신분으로 국내 굴지의 YTN 방송국에 입사해서 15년간 능력 있는 방송동시통역사로 자리매김했을 뿐만 아니라, 그것도 성에 차지 않았던지 그 바쁜 와중에 번역학 석사, 박사 공부를 마치고 이제는 어엿한 교수로 활약하고 있으니 그녀의 입지전적인 삶의 여정에 그저 찬사를 보낼 뿐이다.

누구든 잠시라도 통·번역에 종사해본 사람이라면 이 일이 얼마나 힘들고 고된 일인지 짐작할 수 있을 것이다. 그런데 고도의 순발력이 요구되고, 촌각을 다투는 시간의 압박과 싸워야 하는 방송동시통역의 경우에는 더욱 그러하다. 이 교수가 YTN에서 재직했던 지난 15년간은 9·11 테러, 이라크전 등 세계사를 뒤바꿀 만한 굵직한 사건들로 요동치던 시기였다. 이 교수는 이 변화무쌍하던 시기에 방송현장에서 문자 그대로 발로 뛰고 몸으로 부딪히면서 방송동시통역이라는 험난한 일을 완벽하게 해냈다. 중도에서 포기할 만도 한데 이를 악물고서 장장 15년이란 긴 세월을 말이다. 때로는 방송사의 긴급호출로 밤잠을 설치고, 방송 준비로 밤을 지새우며, 선배의 불호령에 눈물을 흘리면서 끊임없이 자신을 담금질해왔다. 그러는 와중에 스트레스가 쌓이고 체력이 달린다 싶으면 등산이나 여행으로 심신을 달랬고, 무대공포증 등으로 두려움이 엄습하면 해내고야 말겠다는 강인한 의지로 자신을 매질했다.

이 교수가 집필한 『방송동시통역사, 기자처럼 뛰고 아나운서처럼 말한다』는 통・번역학에 관한 체계적인 전문 학술서가 아니다. 이 책은 평범했던 영문학도가 젊은 시절의 꿈의 나래를 펴기 위해 분투했던 삶의 여정에 관한 고백이며, YTN에서 15년간 방송동시통역사로 재직하면서 필자 자신이 몸소 겪었던 체험을 가감 없이 서술한 생생한 기록이다.

신생학문인 통・번역학이 국내에 들어와서 본격적이고 체계적인 연구가 이루어지기까지의 짧은 역사에도 불구하고, 통・번역학에 관한 다수의 책이 시중에 범람하고 있다. 그런데 이 책들은 현장 경험이 거의 없는 전문 학자들에 의해 집필된 것이 대부분이다. 이 학문에 문외한이 아니라면 누구나 인지하듯, 통·번역학은 여타 학문과는 다르게 현장적용을 전제로 하는 학문이다. 때문에 『방송동시통역사, 기자처럼 뛰고 아나운서처럼 말한다』는 현장경험이 풍부한 필자에 의해 농축된 체험들로 구성되었다는 데 큰 의의가 있다.

요즈음 젊은이들 사이에는 통역사나 번역사의 길을 꿈꾸는 이들이 의외로 많다. 학자이자 동시통역사이기도 한 이 교수가 들려주는 생생한 직업 체험담은 통·번역의 세계에 가보지 않고서도 미리 체험해볼 수 있는 인턴십의 길잡이 역할을 해줄 뿐만 아니라, 이미 이 길로 접어든 많은 이들에게는 금과옥조가 될 귀띔을 제공해줄 것으로 감히 확신하는 바이다.

추천사 _ 이화여자대학교 통역번역대학원 교수 이진영

15년 전 한국외대 통역대학원 과정을 마치고 졸업을 앞두고 모두가 미래를 걱정하고 있을 때, 당시 처음 생긴 YTN 국제부에 이지연과 몇몇 동기들이 멋지게 발탁되어 갔던 기억이 난다. 그 후 벌써 세월이 많이 흘렀다. 그리고 그동안 변함없이 자리를 지키면서 지연이는 — 아 참, 이지연 박사는 — 국제뉴스 전문통역사로서 실력과 명성을 차곡차곡 쌓아 나갔다.

한자리에서 오래 있으면서 나름대로 '한 우물성' 전문지식과 노하우를 쌓은 사람들은 주변에서 많이 찾아볼 수 있다. 그러나 이것을 글로 옮겨서 남과 공유하는 것은 특별한 사람들만이 할 수 있는 것으로 생각한다. 특히 속도와 순간 집중력을 바탕으로 일하는 동시통역사가 차분히 앉아 글을 쓴다는 것이 대단한 도전이라는 것을 누구보다도 잘 알기 때문에 하는 말이다.

그런 의미에서 이 책은 더욱 값지다. 통역현장 중에서 아마도 가장 숨 가쁘고, 그래서 더 매력적인 국제 뉴스 데스크를 15년 넘게 지켜온 사람만이 가질 수 있는 예리한 감각, 통찰력 그리고 지혜를 이지연 특유의 따뜻함과 감성으로 풀어나간 책이기 때문이다. 통역이나 번역을 공부하는 학생들, 국제 교류의 접점에서 일하는 전문인들 그리고 이 시대의 글로벌 시민들의 시각을 넓혀주고 큰 공감을 불러일으킬 것으로 기대하며 이 책을 추천한다.

프롤로그

토종 한국인, 동시통역사 되다

꿈을 꾸다

91년 늦은 봄, 대학 졸업까지는 이제 한 학기. 대학만 들어가면 세상에 고민이 없을 것 같았는데 어느덧 3년 반이 훌쩍 지나고 졸업이 코앞이었다. 대학에 가면 한 학기는 모두 A학점을 받고, 동아리 활동에 미쳐보고, 뜨거운 열애도 해보고 싶었다. 하지만 공부도 B학점, 동아리 활동도 어영부영하다 중간에 그만두고, 남들 다하는 연애 한 번 못하고 대학을 졸업하게 되면서 다시 고민이 시작됐다. 부모님은 내가 안정적인 직장에 일등 신붓감으로 꼽히는 '교사'가 되길 바라셨다. 아르바이트로 과외를 하고 부전공으로 교육학을 하면서 중등교사 자격증을 받으면서, 나도 자연스럽게 중·고등학교 선생님이 내가 갈 길이라고 받아들이고 있었다.

그러다 문득 그 전해 가을 학기, 수업을 마치고 학생 식당에 우르르 몰려갔다가 영문과 선배이자 동아리 언니를 만났던 기억이 떠올랐다. 그때 혼자 외롭게 밥을 먹고 있던 선배를 발견하고 반가운 마음에 같이 먹자고 선배 앞자리에 앉았다. 그런데 선배는 넋 나간 사람처럼 아득한 눈빛으로 밥만 먹고 있었다. 내가 앞에 앉은 걸 전혀 느끼지 못하는 것 같았다. 뭘 물어도 대답 없는 선배 앞에서 밥알이 코로 들어가는지 목구멍으로 넘어가는지도 모르게 민망하고 어색한 채로 식사를 간신히 마쳤다. 그때 나는 조용하고 소심한 그 선배가 실연으로 머리가 이상해진 게 틀림없다고 생각했었다.

나중에 그 선배가 동시통역대학원에 들어갔다는 소식을 들었다. 충격이었다. 동시통역대학원이란, 어렸을 때 외국에서 살았거나, 외국 유학을 다녀와서 탄탄한 외국어 실력을 가진, 소위 bilingual에 가까운 사람들이 들어가는 곳이라고 생각했었기 때문이다. 그 선배는 동시통역대학원 입시 공부 때문에 잠도 못 자고 신경을 너무 쓴 나머지 나를 못 알아볼 정도로 '폐인모드'였던 것이다. 이 소식은 내게 나의 진로에 대해 좀 더 넓게 생각하고 나의 가능성을 탐구하게 하는 자극이 되었다. 선배 역시 외국 체류나 유학 경험이 전혀 없는 순수 토종 한국인으로서 영문과 학생이었기 때문이었다.

그때부터 나는 동시통역대학원에 들어가는 꿈을 꾸게 됐다.

꼭 동시통역사가 되겠다는 건 아니었다. 집안 살림에 부담이 되는 유학대신 한국에서 영어를 제대로 배워보고 공부하겠다는 생각으로 친구들이 입사 설명회를 쫓아다닐 때 통역대학원 입시반에 등록해 다녔다. 그리고 대학 졸업을 앞둔 1991년으로 가을, 나는 생애 첫 패배와 좌절을 맛봐야 했다. 아직도 그때가 선하다. 이문동에 있는 한국외대에서 합격자 명단에 내 이름이 없는 걸 확인하고 돌아오는 길에 얼마나 울었는지 모른다. 세상은 온통 빛으로 찬란한데 내 머리에만 먹구름이 드리운 듯, 하루 종일 막막함과 서러움에 눈물을 흘렸었다.

하늘이 허락한 '운'

하지만 나는 젊었고 내게 한 번의 기회를 더 주고 싶었기에 부모님의 허락을 어렵사리 얻어냈다. 사회 초년병인 친구들이 각자의 직장에서 신입사원으로 신나게 일하면서 핑크빛 연애도 하고 결혼에 대해 생각하고 있을 때, 나는 도서관과 학원을 오가며 따분하고 딱히 신나는 일 없는 수험생 생활을 하고 있었다.

학원에 다니면서 깨닫게 된 사실은, 시험에 합격하려면 물론 실력도 중요하지만 '운'과 '깡'이 많이 따라줘야 한다는 것이었다. 학원에서 실력자로 인정받는 사람 중에는 삼수, 사수

생도 많았다. 아름답고 싱싱한 젊음이가 입시 학원에서 3, 4년씩 시나브로 여위어가는 건 보기에도 답답한 노릇이었다. 그래서 나는 결심했다. 한 번 더 최선을 다해보고 그래도 안 되면 나는 후회 없이 다른 길을 가야겠다고. 그리고 나는 두 번째 시험에서도 떨어지고 말았다. 그리고 나는 미련 없이 교사가 되기 위해 통역대학원 입시 공부를 접었다.

그런데 교원 시험을 위해 구립도서관에서 공부를 하는데 집에서 연락이 왔다. 어머니가 몹시 흥분된 목소리로 전해주신 소식은 분명히 하늘이 내게 선물한 '운'이었다. 합격자 한 명이 등록을 하지 않아 보결 입학자가 됐다는 통대의 연락이 왔다는 것이다. 세상에 이런 일이 내게도 찾아오는구나! 지금까지 내 생애에 하늘이 주신 세 번의 기회가 있었는데, 그 첫 번째 기회였다.

콤플렉스를 딛고

세상을 다 가진 듯 기쁜 마음으로 대학원에 입학했지만, 꼴찌 입학생이라는 자의식이 대학원 생활 내내 발목을 붙잡았다. 좀 더 솔직히 말하자면, 그것보다는 수줍음 많은 성격과 영어에 대한 자신감이 없는 탓에 사람들 앞에서 발표하고, 통역하고, 신랄한 크리틱(Critic)을 받는 수업 시간이 고역스럽기 짝이 없었던 것이다. 하지만 결국엔 다리가 후들거리고 목소리가 떨리고 얼굴이 화끈화끈 달아오르는 2년간의 혹독한 통역대학원 생활을 견뎌내고, 30%가 실패한 졸업 시험도 무사히 통과했다.

그리고 대학원을 졸업하던 1995년, 대한민국 최초의 24시간 보도채널, YTN에 입사하게 됐다. 당시 12명이 추천을 받아 오디오 · 비디오 테스트를 거쳐 8명이 합격했는데, 방송에는 적합하지 않은 여대생 억양이 강하다는 이유로 조건부 합격 통보를 받았다. 그리고 3월 공식 개국 때까지 2개월간의 인턴 과정을 겪으면서 첫 통역 리포트가 방송을 타기 전까지 '피를 토하는 득음 훈련'을 해야 했다. 시사 잡지 한 권을 첫 장부터 끝까지 아나운서 억양으로 읽어 내려가는 일을 반복하다 보면 목이 따끔거리고 아파서 정말 목구멍에서 비릿한 피 냄새까지 느껴질 정도였다. 그리고 1995년 3월, 내가 만들어 목소리를 입힌 통역 리포트가 전파를 탔다. 쉽지 않았던 여정이었던 만큼 심장이 떨리고 짜릿한 순간이었다. 그리고 15년 후! 어설프고 수줍음 많던 그 대학생은 명실상부 대한민국 최장수 방송동시통역사가 되었다.

차례

07 _ 계약서 텍스트 번역

08 _ 홍보물과 캐치프레이즈 번역

09 _ 귀로 듣고 글로 쓰는 번역

01

라이브 방송동시통역의 세계

사건은 항상 예기치 않은 순간에 일어난다
동시통역사, 방탄복 없이 전장에 뛰어든 전파 속 종군기자
라이브 동시통역을 위한 TIP

라이브 방송동시통역의 세계

방송동시통역사는 전쟁 때 가장 바쁘다. 적어도 한국에서는 그렇다. 해외 뉴스 동시통역에 대한 관심은 지난 1991년 1월 17일부터 2월 28일까지 지속된 1차 걸프전을 기화로 폭발적으로 증가했다. KBS와 MBC의 동시통역은 높은 관심과 비판을 동시에 받으며 사전녹화·요약보도로 정착되었다. 그리고 다시 12년 후 9·11 테러로 촉발된 제2차 걸프전인 이라크전이 발발하면서 한국 방송 사상 가장 많은 통역사가 동원되어 전쟁 보도를 실시간으로 전했다. 이렇듯 기자가 주인인 방송국에서, 방송동시통역사의 비중과 중요성이 치솟는 때는 해외에서 대형 사건과 사고, 특히 전쟁이 발발할 때이다. 전쟁 때마다 최전선에서 전해오는 화면과 보도를 실시간으로 전하는, 말 그대로 전파 속 종군기자 역할을 톡톡히 해내고 있는 것이다.

사건은 항상 예기치 않은 순간에 일어난다

"Things happen when you least expect them."

이 말은 언제나 진리이다. 불행히도, 아니 다행스럽게도 우리 인간에게 미래를 볼 수 있는 능력이 없기 때문이다.

나의 2001년 9월 11일은 여느 때와 변함없이 시작했다. 아침에 눈을 떠 출근을 하고 저녁 6시에 퇴근을 하고 8시에 운동을 하고 10시에 음악을 들으며 하루를 마감하고 있었다.

그리고 같은 시간, 태평양 건너 미국의 보스턴 공항에서는 여느 때와 마찬가지로 아침 9시 출발 비행기에 사람들이 탑승하고, 뉴욕에서는 세계 무역 센터의 부지런한 출근자들이 모닝커피를 마시며 아침 햇살이 가득 들어오는 사무실 창밖으로 막 잠에서 깨어나는 맨해튼을 내려다보며 또 다른 하루를 준비하고 있었다.

"I Dreamt I Dwelt in a Marvel Home ♩♬"

핸드폰의 벨이 울린다. 이 늦은 시간에 누구지?

"여보세요?"

"지연씨?"

남다른 귀썰미를 자랑하는 나이지만, 언뜻 누군지 모르겠다. 그런데 그는 나를 잘 아는 것 같다.

"누구세요?"

"아, 저 김진윱니다…."

야근 기자다. 머리로 '뭔가 터졌다'라는 신호가 가기도 전에 심장이 먼저 알고 콩닥콩닥 뛴다. 지금 나올 수 있냐고 묻는다. 회사에서 집이 가장 가까운 거리에 위치해 있는 관계로 긴급 사건이 터지면 통역 1보는 내 몫이다. 그래도 웬만하면 피하고 싶다.

"무슨 일인데요?"

비행기가 떨어졌단다. 일주일에 한 대씩 비행기가 떨어지는 데 뭐가 문제인가? 이상하다.

세계무역센터에 충돌했단다. 큰일이군. 어쩔 수 없다. 가야겠다.

그런데 그가 또 다른 비행기가 또 같은 건물에 떨어졌단다. 이게 무슨 소린가? 영화 '다이하드2'가 생각났다. 테러리스트들이 관제탑을 장악하고 잘못된 항로지침을 준 것일까? 아니면 기막힌 우연의 일치로 두 항공기가 레이더 고장을 일으킨 것인지?

머리를 고무줄로 질끈 동여매고 맨얼굴로 튀어나간다. 가는 차 안에서 회사에 전화를 걸어 대강의 사건을 물어본다. 민항기 두 대가 세계무역센터에 충돌을 했고, 펜타곤에서는 화재가 났단다. 이해가 안 된다. 머리는 너무 많은 걸 추측하고 있고, 마음은 바쁘다.

도착하니 국제부가 시끄럽다. 승인 기사를 확인해본다. 오면서 전화 통화로 들은 내용에서 별다른 게 없다. CNN에선 'Breaking News LIVE'가 계속된다. 대충 파악됐으면 올라가란다.

올라가라는 건 12층 스튜디오를 말한다. 차가워지는 손발과 심장. 앵커가 뉴스를 진행하는 곁에 앉아서 통역부스 없이 하는 방송 통역. 그 실상은 통역하는 우리들만 안다. 방송 통역에는 언제나 준비된 원고도, 사전 정보도, 예측 시나리오도 없다. 오직 날카롭게 선 신경과 귀, 순발력이 필요할 뿐이다.

관련 기자 리포트가 나가고 있는 동안, 헤드폰과 마이크 볼륨을 조정하고, '그러면 CNN 동시통역으로 들어 보시겠습니다.'라는 앵커의 말이 끝나자마자 PD의 큐 사인이 들어온다. On-air!

온몸의 세포가 긴장하면서 나의 퍼포먼스가 시작된다. 그 시간만큼은 헤드폰으로 들려오는 CNN 기자의 다급한 목소리와 현장음, 그걸 전달하는 내 목소리뿐이다. 세상에 그 외에 다른 것이 존재할 여유가 없다.

펜타곤 화재는 아무래도 이상하다. 기자가 펜타곤에 비행기가 떨어졌다고 말한다. 세계무역센터이고, 펜타곤은 화재인데 헷갈렸나 보다. 그런데 이젠 Capitol Hill에서 화재가 났단다. 아! 곳곳에서 화재와 사건투성이다. 무슨 일이지? 세상이 어떻게 된 건가? 그런데, 아아… 그 Capitol Hill… 그거… 우리말로 뭐라고 하더라. 갑자기 생각이 나지 않는다. 다급한 김에 '의회건물'이라고 해버렸다. 다음 멘트로 이어지면서 '국회의사당'이 생각난다. 어쩔 수 없다.

그런데 CNN 기자, 나중에 그건 오보였단다. CNN도 적잖이 당황하고 헤매는 눈치다.

기자 리포트가 나가면서 잠시 통역을 쉬고 다급하게 들어오는 CNN 속보에 귀를 기울이고 있는데, 갑자기 CNN 기자 소리가 헬기 소리에 묻혀버린다. 이젠 아주 다른 기자의 목소리와 겹쳐 들린다. 그런데, 앵커가 다시 'CNN 뉴스를 동시통역으로 들어보겠습니다.'라며 사인을 보낸다.

눈앞이 캄캄해진다. 그래도 쇼는 계속되어야 한다. 사건은 진행 중이고, 방송은 온에어에다 사람들은 나를 기다린다.

NATO 전 사령관이자 펜타곤 퇴역장성과의 인터뷰다. 오버랩 되는 소리 속에 그의 말을 가려내기가 너무 힘들다. 영겁 같은 시간을 보내고, 출연기자와의 대화가 이어진다. 막간을 이용해 기술담당자에게 수신 오디오에 문제 있다고 좀 살펴봐 달라고 수신호를 보낸다.

자정을 넘기고 한 시를 넘겨서까지도 참사는 계속되고 있었다. 뉴욕과 워싱턴을 잇는 릴레이 라이브는 계속되고, 민항기가 뉴욕 건물에 15분 간격으로 각각에 부딪히는 믿기지 않는 장면이 수백 번은 반복됐다. 110층이나 되는 건물에서 뛰어내리는 사람, 충돌한 비행기 때문에 화염과 연기가 피어오르는 층 바로 위층에서 수건을 흔들고 있는 저 절망적인 사람들의 몸짓, 죽음을 향한 낙하를 선택한 사람들….

통역과 대기시간이 길어지면서 통역의 긴장감보다는 눈앞에서 펼쳐지는 공포와 두려움, 격앙된 목격자들의 목소리에 가슴이 묵직하게 죄어든다. 내 생애 최악의 악몽을 꾸고 있는 기분이다.

그리고 쌍둥이 건물 중의 하나가 붕괴된다. 방송에 들리던 애타게 구조요청을 하던 사람의 전화 목소리가 떠오른다. 성냥개비로 쌓아올린 집이 무너지듯 와르르 주저앉는다. 두꺼운 먼지와 연기를 뿜으면서.

아직도 대피는 계속되고 있었고 주변에 너무나 많은 사람들이 있는데 곧이어 두 번째 건물마저 무너져버린다.

충격이 가시기도 전에, 총 8대의 비행기가 납치되어 공격목표로 향하고 있다는 긴급소식이 또 들어온다. 피츠버그에서 비행기가 또 한 대 추락했단다. 아직도 테러는 끝나지 않은 것이다. 영원히 끝날 것 같지 않다. 지구의 종말이 온 것 같다.

긴장감 대신 인간의 무력함과 무모함에 대한 절망감과 피로가 밀려올 즈음 동료 통역사가 역시 화장기 없는 굳은 얼굴로 교대하러 올라왔다. 11층으로 내려와 보니 모든 국제부 기자가 총출동해 있었다. 여기 역시 또 다른 전쟁터였다. 데스크들의 고함 소리와 바쁘게 키보드 두드리는 소리, 막 편집된 테이프를 들고 뛰는 사람들. 팽팽한 긴장과 긴박감. 그러나 역사적인 순간을 함께하는 기자들 특유의, 언론인 특유의 흥분이 거기 있었다. 고생한다고 야식들이 책상 가득 쌓이고, 전우애와 동지애로 뭉쳐 야릇한 잔치 분위기까지 느껴졌다.

그러나 그걸 공감하기엔 나는 너무 피로했고, 너무 무거워져 있었다. 시계는 12일 새벽 4시를 가리키고 있었다. 죽음보다 무거운 피로가 몰려와 잠시 눈을 붙이려 하지만, 영 잠이 올 것 같지 않았다.

그날 아침 11시에 다시 출근해야 하지만, 숙직실보단 집에 가서 쉬고 싶었다. 잠시라도. 짧은 시간 동안 너무 많은 일이 있었다. 그리고 곧 끝나지 않을 일이다. 집에 가야겠다.

돌아오는 차에서 내다본 시내 풍경은 조용했다. 이상했다. 아무 일도 없다는 듯이 잠자고 있는 이 세상이 너무나 낯설었다. 사실, 여긴 아무 일도 없는 게 맞다. 그러나 내일 아침이면, 정확히 몇 시간 후 오늘 아침이 되면, 잠자고 있던 서울 시민들은 제일 먼저 미국 테러 소식을 듣게 될 것이다. 그리고 세계는 동요할 것이고, 많은 게 변해 있을 것이다. 뉴욕 증시 폐장 이상의 파장이 있을 것이다.

그걸 예감하며, 미래에 대한 불안한 마음으로 걱정하시며

YTN을 지켜보시던 가족이 있는 집으로 돌아왔다. 집에 오니 영영 안 올 것 같은 잠이 쏟아진다. 정말 감사한 일이다.

– 9 · 11 테러 사건일지

2001년 9월 11일 뉴욕 현지시각으로 오전 9시부터 오후 5시 20분 사이에 일어난 항공기 납치 동시다발 자살테러로 인해 미국 뉴욕의 110층짜리 세계무역센터(WTC) 쌍둥이 빌딩이 무너지고, 워싱턴의 국방부 청사(펜타곤)가 공격을 받은 대참사를 말한다. 사건은 4대의 민간 항공기를 납치한 이슬람 테러단체에 의해 동시다발적으로 이루어졌는데, 시간대별 상황은 다음과 같다.

- 07시 59분 = 92명의 승객을 태운 아메리칸 항공 소속 AA11편이 보스턴을 출발해 로스앤젤레스를 향해 날아올랐다.
- 08시 1분 = 45명을 태운 유나이티드 항공의 UA93편이 뉴저지 주에서 샌프란시스코로,
- 08시 14분 = 65명을 태운 유나이티드 항공의 UA175편이 보스턴에서 로스앤젤레스로,
- 09시 = 64명을 태운 아메리칸 항공의 AA77편이 워싱턴에서 로스앤젤레스로 각각 향했다.

- 08시 45분 = AA11편이 항로를 바꾸어 세계무역센터 북쪽 건물과 충돌한 직후
- 09시 3분 = UA175편이 남쪽 건물과 충돌하였다.
- 09시 40분 = AA77편이 워싱턴의 국방부 건물과 충돌하고,
- 09시 59분경 = 세계무역센터 남쪽 건물이 붕괴된 뒤
- 10시 3분 = UA93편이 피츠버그 동남쪽에 추락하였다.
- 10시 30분경 = 세계무역센터 북쪽 건물이 완전히 붕괴되고,
- 17시 20분 = 47층짜리 세계무역센터 부속건물인 7호 빌딩이 힘없이 주저앉았다.

9·11테러로 세계 초강대국 미국은 순식간에 아수라장으로 바뀌었고, 세계 경제의 중심부이자 미국 경제의 상징인 뉴욕은 하루아침에 공포의 도가니로 변하고 말았다. 미국의 자존심이 일거에 무너진 것은 차치하고, 이 세기의 대폭발 테러로 인해 90여 개국 2,800~3,500여 명의 무고한 사람이 생명을 잃었다. 사건이 일어나자마자 CNN 방송망을 타고 시시각각으로 사건 실황이 전 세계에 생중계되면서 세계 역시 경악하였다. 세계경제도 이 동시다발 테러 앞에서는 전혀 손을 쓰지 못했다. 국제금리가 단숨에 하락하고, 세계 증권시장이 흔들렸다. 미국은 사건 직후 일주일간 증권시장을 열지 못하였고,

미국을 오가는 모든 국제 항공선도 차단되었다. 미국인들은 이 사건을 일컬어 '제2의 진주만 공격'으로 부르기도 하지만, 미국 건국 이래 본토의 중심부가 외부의 공격을 받은 것은 그때가 처음이었다.

이 사건으로 인한 피해는 4대의 항공기에 탑승한 승객 266명 전원 사망, 워싱턴 국방부 청사 사망 또는 실종 125명, 세계무역센터 사망 또는 실종 2,500~3,000명 등 정확하지는 않지만, 인명 피해만도 2,800~3,500명에 달한다. 경제적인 피해는 세계무역센터 건물 가치 11억 달러(약 1조 4,300억 원), 테러 응징을 위한 긴급지출안 400억 달러(약 52조 원), 재난극복 연방 원조액 111억 달러(약 52조 원) 외에 각종 경제활동이나 재산상 피해를 더하면 화폐가치로 환산하기 어려울 정도이다.

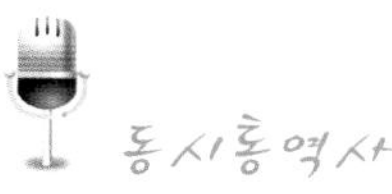

동시통역사,
방탄복 없이 전장에 뛰어든 전파 속 종군기자

9 · 11 사태가 터지고 마침내 이듬해인 2002년 3월 20일, 미국의 최후통첩을 이라크 의회가 거부하면서 '이라크의 자유(Freedom of Iraq)'라는 작전명이 붙은 이라크전이 발발했다. 현지시각으로 새벽 5시 30분, 바그다드 남동부에 대규모 미사일 폭격이 감행됐다. 전쟁이 터지면 방송사 보도국도 전쟁터가 된다. 게다가 사전에 충분히 예고된 전쟁인 만큼, 방송사들은 출발선에서 잔뜩 긴장한 채 출발 신호를 기다리는 달리기 선수들처럼 촉각을 곤두세우고 공습 1보를 향해 전속력으로 달릴 준비를 갖추고 있다.

하지만 전쟁 발발 소식을 말이나 자막으로 전할 수는 있어도, 화면은 외신에 의존할 수밖에 없었고 걸프전에서 신속하고 생생한 전쟁보도로 이름을 알리기 시작한 CNN이 다시 한 번 주목을 받았다. 외신에 의존할 수밖에 없자 동시통역사의 주가도 덩달아 올랐다.

게다가 전쟁이 하루 이틀에 끝날 일도 아니고, 하루 24시간 계속해서 들어오는 중대 사건과 브리핑을 통역하려면 통역사 한두 명으로는 어림없는 일이었다. 이라크전 때문에 한국 방송 역사상 최대 규모의 동시통역사가 동원됐고, 동시통역사들도 최고의 몸값을 받으며 방송국의 전쟁터로 향했다.

9 · 11테러 이후 잦은 야간 호출과 빈번한 통역에도 불구하고, 개전 속보를 전하기 위한 방송국 전체에 도는 전운은 실제 전쟁터를 방불케 하는 두려움과 긴장감을 느끼게 했다. 모자란 인력을 보충하기 위해 외부에서 동원된 남자 통역사와 함께 짝이 되어 투입됐는데, 그 역시 많이 긴장했는지 연신 땀을 비 오듯 흘리고 있었다. 방송동시통역이란 제아무리 강심장 통역사에게도 살 떨리는 경험이긴 마찬가지인가 보다.

온에어! 바그다드의 한 고층 건물 옥상에 설치된 듯한 CNN 카메라가 바그다드 시내를 비추고 있다. 갑자기 요란스럽게 공습경보가 울리고 굉음과 함께 멀리서 검은 연기가 피어오른다. 화면 너머 기자의 긴박한 목소리가 들린다. 또다시 미국의 공습이 시작된 것이다. 나도 헤드폰과 마이크로 무장하고 지명과 이름을 적어놓은 노트와 펜을 집어 들고, 다시 화염이 피어오르는 바그다드 전쟁터로 황급히 달려간다.

방송이 시작되면 쉴 새 없이 쏟아지는 새로운 정보와 낯선 지명과 인명, 생소한 무기 이름을 생각할 틈 없이 바로바로 통역해야 한다. 그러나 발음조차 생소한 이국의 인명이나 지명을 다 알 수는 없는 노릇이다. 동시통역 스튜디오에 앉아 온에어가 시작되면 1초의 시간이 영겁인 것처럼 느껴진다. 한국어로 옮기는 과정에 놓쳐버린 정보나 고유명사가 다음 문장과 어떻게 이어지는지 파악하기 위해 들이는 침묵의 시간이 통역사들에겐 가장 고역스러운 순간일 것이다. 계속 정보가 나오고 원문 소리가 나오는데 통역사가 가만히 침묵하고 있다면 시청자들은 궁금해 하면서 더욱 귀를 쫑긋 세우기 마련이다.

아차! 하는 순간에 정보의 연결고리를 놓쳐버리는 수가 있는데 그럴 때 초보 동시통역사는 '패닉상태'에 빠지기 마련이다. 당황한 기색이 목소리에서 그대로 묻어나거나 아예 입을 떼지 못하는 수습 불가 상태까지 이를 수 있다. 방송동시통역이라는 전쟁터에서는 방패도 엄폐물도 없다. 메시지를 그 즉시 처리하면서 외신 방송을 따라 무조건 전진하지 않으면, 빗발치는 비난과 악플의 총탄세례를 받고 장렬히 전사하는 수밖에 없다.

포탄과 총알이 빗발치는 전쟁터의 군인이 항상 긴장하고 있어야 하고 마음대로 부대를 이탈할 수도 없는 것처럼, 전파속 종군기자인 통역사도 마찬가지 신세이다. 약속도 할 수 없고 언제 불려나갈지 모르는 통역 호출에 대비하며 항상 긴장하며 상황을 모니터하며 대기하고 있어야 한다.

3월 20일에 시작해 미군이 이라크의 최후 보루이자 후세인의 고향인 북부 티크리트 중심부로 진입함으로써 이라크 전쟁은 발발 26일 만인 4월 14일 사실상 끝이 났다. 그러나 근한 달 동안 24시간 특보 비상 근무체제 속에서 나와 동료 통역사들은 체력도, 정신력도 완전히 지칠 대로 지쳐 있었다.

하지만 동시통역사가 전쟁 특수를 누렸던 것처럼 이라크 개전일은 뉴스전문채널 YTN의 시청률이 개국 이래 최고를 기록한 날이기도 했다. 시청률조사기관인 TNS미디어코리아에 따르면 이라크전이 발발한 3월 20일부터 4월 18일까지 한 달 동안 YTN의 케이블TV 시청점유율이 평균 13.19%를 차지해 62개 케이블 채널 중 1위를 차지한 것으로 조사됐는데, 전쟁 전 평균 점유율 6%에 비교하면 배 이상 상승한 것이다. 2001년 9 · 11테러 때도 6일 연속 점유율 1위를 기록했고, 이라크전이 발발하면서 그 기록도 경신됐다. 그 공로를 인정해 통역팀은 그해 연말 특별공로상을 수상했다.

방송동시통역! 고역스럽고 힘든 일이지만 인류 역사의 중요한 순간을 누구보다 먼저, 누구보다 치열하게 경험한다는 묘한 매력이 있다. 온에어 사인을 받기 전까지의 격한 긴장감, 일단 통역이 시작되면 세상의 아무것도 존재하지 않고 온 신경과 에너지를 통역에 집중하게 되는 고도의 몰입, 통역 결과물이 좋지 않았을 때 밀려드는 자책감과 자괴감 그리고 스스로가 만족할 만한 통역을 마치고 났을 때의 통쾌함과 만족감. 이 모든 복잡다단한 심경의 롤러코스터를 경험할 수 있는 건 일종의 연극 무대와 비슷하다. 대신 방송동시통역사는 무대를 바라보는 관객이 아닌 환하게 조명이 켜진 스튜디오에서 보이지 않는 전 국민을 상대로, 철저히 고독한 자기와의 싸움을 해야 하는 것이다.

그 뒤에 따르는 사정 모르는 네티즌의 비난과 악플 테러를 참아내는 것도 오롯이 방송동시통역사 혼자의 몫이고, 후회 없는 통역을 마치고 났을 때 따르는 만족감과 환희를 경험하는 것도 온전히 통역사 개인의 몫이다. 전파 속 종군기자라 불리는 방송동시통역사. 그 혹독한 고독과 스트레스 가득한 전쟁터에서 살아남기 위해서는 항상 깨어 있어야 하고 자기계발에 소홀할 수 없다. 그런 의미에서 위기는 기회라는 말, 비단 위기시에 몸값이 오르는 동시통역사의 직업적 특색을 나타낼 뿐만 아니라 통역사 개인의 삶에도 적용되는 진리인 듯하다.

– 이라크 전쟁 일지(2003년)

- 1월 28일 = 부시 대통령이 연두교서를 통해 이라크가 대량파괴무기를 은닉하고 있다며 미국군에 준비태세를 명령
- 2월 14일 = 한스 블릭스 유엔 이라크무기사찰단장은 대량파괴무기를 발견하지 못했다고 보고
- 3월 14일 = 무력사용을 승인하는 유엔 안보리 결의안 통과를 위한 1주일 이상의 강도 높은 외교적 노력이 실패했고 부시행정부는 프랑스의 거부권행사 발언을 비난

- 3월 16일 = 부시 대통령과 블레어 총리, 호세 마리아 아스나르 스페인 총리는 아소레스에서 긴급회동, 외교적 노력 종료 선언
- 3월 17일 = 미국 유엔결의안 철회, 부시 대통령 전국에 48시간 최후통첩 연설
- 3월 20일 = 이라크의 최후통첩 거부에 이라크 침공개시
- 4월 7일 = 미군, 후세인 등 은신 추정 건물 맹폭, 후세인 사망설 제기
- 4월 9일 = 미군, 바그다드 함락선언
- 5월 1일 = 부시 대통령, 사실상의 종전 선언

라이브 동시통역을 위한 TIP

1. 최대한 차분하고 정제된 방송 언어를 사용한다

테러나 사고 같은 예고되지 않은 통역은 준비되지 않은 시간에 준비되지 않은 상황에 호출될 가능성이 크기 때문에, 통역사의 긴장도가 커지기 마련이지만 당황하지 않고 침착한 어조로 통역한다. 당황하게 되면 평상시 어투가 튀어나오기도 하는데 방송동시통역사에게는 치명적이다. '되게,' '찌라시,' '작살났다' 등의 은어나 비속어 등 비방송용어를 사용했다가 된서리를 맞은 통역사도 많다. 편집이 불가능한 생중계 통역인만큼, 메시지 전달에 급급해 용어 선정에 신중하지 않으면 나중에 크게 문제가 될 수 있다.

2. 짬짬이 관련 전문 용어를 찾아서 노트해 놓는다

라이브 중계 동시통역이라고 해도, 방송국에 도착해 스튜디오에 투입되기까지 되도록 관련 정보를 야근 담당 기자에게 지금까지 전개된 상황의 브리핑을 듣거나 CNN 홈페이지에서 훑어보고 인쇄해 들어가는 것이 좋다. 통역이 물리는 중간에 짬을 내서 자료를 읽거나 잠시 통역을 쉬고 기자 리포트가 나가는 동안 외신 브레이킹 뉴스를 모니터하면서 새로운 정보나 중요한 이름, 지명 등이 나오면 메모해 눈에 잘 띄는 곳에 두고, 다음에 이어지는 통역에 대비한다. 뜬금없는 곳에서 통역이 물리는 경우, 앞서 모니터했던 내용을 배경설명으로 간단히 말해주면서 통역하는 것이 시청자에게 친절한 동시통역이다. 노련한 통역사라면 무작정 언어 옮기기가 아닌 '통역해설가'의 역할도 적절하다고 판단되는 시점에 해줄 필요가 있다.

3. 가벼운 '워밍-업' 입 운동으로 근육을 풀어준다

브레이킹 뉴스는 그야말로 예기치 못한 때에 발생하므로, 동시통역사가 정신적 · 신체적으로 준비되지 않기 마련이다. 어차피 예정된 것이 아니고 현장에서 벌어지는 사고와 브리핑, 뉴스를 전하는 것이므로 사전에 참고할 자료도 없지만 가장 중요한 것은 정신적으로, 신체적으로 깨어 있어야 한다는 것이다. 동시통역도 오븐처럼 예열시간이 필요하다. 아무 준비도 안 하다가 갑자기 들어가는 통역과 마음의 준비를 하고 긴장을 하고 있다가 시작하는 통역은 확실히 차이가 있다. 앵커나 배우들이 출연 전에 과장된 표정으로 입을 움직이고 '아~, 아~' 발성을 하는 걸 봤을 것이다. 긴장된 입과 성대 근육을 풀어주는 것인데, 신체뿐 아니라 긴장한 정신까지도 풀어주는 효과가 있다. 그래서 단 1, 2분이라도 방송 전에 짬이 나면 입 근육을 풀어주고 빠른 속도로 관련 기사를 읽어주는 게 방송동시통역의 품질 향상에 크게 도움이 된다.

4. 귀에 거슬리는 필러(Filler)를 넣지 않는다

일반적으로 연설을 하거나 강의를 할 때, 그리고 일상의 대화 속에서조차 말을 할 때 '음~, 어~, 그~, 뭐더라~, 그러니까~' 등의 불필요한 말을 넣는 사람들이 예상 외로 많다. 이렇게 다음 말이 생각나지 않을 때 시간 때우기용으로 나오는 말을 필러(filler)라고 하는데, 평소에는 잘 느끼지 못하지만 예민하게 귀를 기울이고 듣는 상황이면 잘 들린다. 특히 방송에서 필러를 쓰게 되면 정제되고 다듬어진 뉴스어투에 익숙한 시청자에게

특히 거슬리게 느껴지고 통역 충실도에 상관없이 통역사에 대한 신뢰도가 떨어진다. 따라서 연사의 발화(發話)속도가 느리거나, 앞 문맥을 놓친 경우라도 가능한 필러를 쓰지 않는 게 좋다. 불필요한 필러보다는 무거운 침묵을 혀를 깨물고 견디는 편이 낫다.

5. 평상시 나름의 스트레스 해소법을 찾는다

두 개의 다른 언어를 동시에 통역한다는 건, 바벨탑의 저주를 풀려는 도전과 마찬가지고, 그렇기 때문에 인간의 절대치의 노력과 집중력이 필요한 일이다. 긴장도도 높고 위험부담도 큰 만큼 스트레스도 따르기 마련이다. 동시통역대학원을 졸업하고도 또 동시통역사의 타이틀을 달고도 '동시'는 항상 긴장되고 부담이다. 그 부담감이 싫어 통역현장을 떠나는 통역사도 많다. 경제학이나 법 공부를 한다든가 정규 회사원의 길을 택한 사람, 기자가 된 친구, 번역가로 돌아선 동료들도 있다. 겉으로 스트레스를 호소하지 않는 배짱 좋은 통역사들도 위장병이나 원형탈모증을 호소하는 걸 보면, 스트레스 안 받는다 말해도 몸은 거짓말을 못하는 것 같다. 동시통역사가 되려면 먼저 실력이 있어야 하지만 무엇보다 체력과 인내가 있어야 오래 이 일을 할 수 있다. 평상시 꾸준한 체력관리와 나름의 스트레스 해소법을 찾아야 한다. 무슨 일이든 마찬가지겠지만, 머리 쓰는 직업일수록 몸을 많이 쓰고 머리를 비우는 취미를 하나쯤 가지고 있는 게 좋다.

02

예정된 중대 발표 동시통역의 노하우

불어까지 동시통역?

통역사들에게 사랑과 미움을 동시에 받은 부시 대통령

예정된 동시통역을 위한 TIP

예정된 중대 발표 동시통역의 노하우

긴급호출을 받고 아무런 사전정보 없이 투입되는 동시통역과는 달리 미리 일정이 나와 있는 동시통역의 경우가 있다. 그렇다고 준비할 시간이 많이 주어지는 건 아니다. 동시통역을 할지 여부는 보통 당일 아침이나 오후, 이르면 하루 이틀 전에 확정되는 경우가 많기 때문이다. 매일 아침, 오후, 저녁의 하루 세 차례 부장단 회의를 통해 그날그날의 뉴스 방향을 결정해 통보하는 보도국의 특성에서 비롯된 일이다. 뉴스의 유통기한이 짧은 만큼 결정도 신속해야 하고 집행도 번개 같아야 한다.

미리 예정된 연설일 경우에는 미리 작성된 원고가 있지만, 문제는 일반적으로 특정시점까지 보도가 금지되는 엠바고(Embargo)에 걸려 전문을 구하기 어렵다는 점이다. 미국 대통령의 국정연설의 경우에도 연설 직전까지 엠바고에 걸려 있다가 십여 분가량 앞두고 전문의 일부를 인용한 발췌문이 보도 자료로 나온다. 연설이 시작되고 통역을 하는 도중에 방금 들어온 전문 원고를 들고 들어와 건네주기도 하지만, 동시통역 도중에 건네받는 전문은 오히려 집중력을 분산시킬 뿐 없느니만 못하다. 사실 온 신경을 집중하며 동시통역을 할 때 누군가 곁에 다가와 말을 걸거나 손짓으로 주의를 분산시키면 '짜증'을 넘어 '아아악' 하고 소리 지르고 싶을 정도로 화가 치밀어 오르기도 한다. 그만큼 긴장해 있고 신경이 예민해져 있기 때문이다. 고도의 집중을 요하는 순간에 작은 소리와 미동에도 날카로워질 수밖에 없는 게 동시통역사의 숙명이다.

불어까지 동시통역?

오랫동안 통역 일을 하면서 진땀나는 순간도 많지만 황당하고 재미있는 일도 많았다. 그 중 가장 기억나는 일은 영어가 아닌 불어를 동시통역했던 일이다. 물론 나는 불어는 몇 마디 알아듣는 게 고작인 수준이다. 그런데도 내가 완벽하게 불어 동시통역을 할 수 있었던 데는 이유가 있었다.

그러니까, 때는 지난 2006년 10월! 신입 통역사를 들이고 갑자기 일이 터진다. 후배가 출근하는 첫날 정오에 북한이 핵 실험을 해 회사와 온 나라가 발칵 뒤집히고, 그 사흘 후에는 뉴욕 47층짜리 건물에 비행기가 충돌하고, 뒤이어 줄줄이 발표되는 노벨 문학상, 평화상 수상자 발표 동시통역까지…. 그런데 거기에 14일 새벽 4시경에는 반기문 장관의 유엔 사무총장 수락연설까지 동시통역을 해야 한다. 이상하게 머피의 법칙처럼 일도 한꺼번에 터지는 듯하다. 13일 근무를 마치고 잠시 퇴근했다가 새벽 2시에 다시 출근 준비. 새벽 3시경 도착하니 다행히도 반기문 유엔 사무총장의 수락연설문 전문이 나왔다. 물론 엠바고가 걸린 채 방송국에만 전달된 보도자료이다. 수락 연설이 끝나기 전까지는 절대 성급한 보도도 안 되고, 애먼 사람 손에 넘어가서도 안 되는 귀한 자료다. 부랴부랴 읽으며 숙지하는데 불어와 독일어도 수준급으로 알려진 반 총장의 연설문 가운데 불어가 포함되어 있었다. 당황했지만, 다행스럽게도 불어 텍스트 아래 영어 번역문이 포함되어 있었다. 한국인 최초의 유엔 사무총장 탄생이라는 역사적인 순간인 만큼 이처럼 완벽하게 준비된 통역을 하기는 내게도 방송통역 역사상 전무후무한 일이었다.

하지만 준비는 거기까지. 유엔 총회장에 사람들이 배석하고 온에어 불이 들어오는 순간, 유엔 총회 의장 연설부터, 5대륙 대표 축사, 전임자 코피 아난 사무총장의 축사가 끝난 후에서야 반 장관의 수락연설이 시작된다. 물론 불어가 나오는 부분도 무리 없이 완벽하게 동시통역을 해낸다. 제2외국어로 불어를 공부한 덕분에 알아듣는 몇 마디에 비슷하게 통역 속도를 맞춰가며 깔끔하게 불어 동시통역을 해냈다. 속 모르는 사람은 아마 내 불어 실력이 수준급이라고 오해했을 것이다. 보도자료 덕을 톡톡히 보는 순간이었다.

그러나 거기가 끝이 아니었다. 명연설로 회자되는 반 총장의 수락연설이 끝나고도 한참을 이어지는 기자회견. 무려 2시간 40분을 혼자서 동시통역을 해냈다. 나중에는 머리가 핑핑 돌며 현기증이 날 지경. 온몸의 에너지란 에너지는 다 쥐어짠 듯 체력도 바닥이 난 상태로 통역을 마치고 스튜디오 문을 열고 나선다.

가끔씩 내가 스스로 생각해도 참 대단하다고 느껴질 때가 있는데 그때가 바로 이런 순간이다. 밤을 꼬박 새우고 14일 조근 근무까지 해냈다. 그렇게 꼬박 이틀을 회사에서 보내고 퇴근할 때, 땅으로 꺼질 것 같은 피로감과 더불어 '또 무사히 해냈구나!' 하는 후련함과 함께 묘한 대견함을 느낀다. 고된 일 끝에 찾아오는 여유와 휴식은 늘 편안하고 달콤하다. 비록 뉴스와 역사가 되는 인물은 아니지만, 그 뉴스와 역사를 만들고 남기는 일에 중요한 한 사람이었다는 뿌듯함, 그것 때문에 숱한 고비와 위기를 넘기며 여기까지 오게 된 것일지 모른다. 치열하게 산다는 것, 역사를 만들어간다는 것, 그리고 해낸다는 것은 개인적으로 큰 감동이고 고마움이다.

–반기문 유엔사무총장 수락연설 전문

우리 시간 2006년, 10. 14(토). 04:00(뉴욕 현지시간 10. 13 (금) 15:00) 개최된 유엔 총회는 반기문 외교통상부장관을 2007-2011 5년 임기의 제8대 유엔사무총장으로 임명하였으며, 반기문 장관은 이를 수락하는 연설을 행하였다.

Madam President, Mr. Secretary-General, Excellencies, distinguished delegates, ladies and gentlemen, I stand before you, deeply touched and inspired by the generous words of congratulations and encouragement. With boundless gratitude for the confidence placed in me by the

Member States, and with an unswerving resolve to honor that trust, I humbly accept the appointment as the 8th Secretary-General of this great Organization, our United Nations. I wish to extend my deepest respect and appreciation to all the leaders and peoples of the Member States for their strong support.

의장님, 사무총장님, 각국 대사님, 저명하신 대표 및 신사숙녀 여러분. 저는 지금 여러분의 아낌없는 축하와 격려를 받고 벅찬 가슴으로 이 자리에 섰습니다. 회원국들이 제게 보내주신 신뢰에 대한 무한한 감사와, 그 신뢰에 보답하겠다는 확고한 의지로, 저는 우리의 훌륭한 조직인 유엔의 제8대 사무총장직을 겸허히 수락합니다. 각 회원국 지도자들과 국민들께 저를 강력히 지지해 주신 것에 대해 깊은 존경과 감사를 드립니다.

(중략)

[불어 원문 텍스트]

Madame la Présidente, Excellences, Mesdames et Messieurs, En tant que Secrétaire général, je suis determiné à gérer le Secrétariat d'une manière ouverte et responsible. Je chercherai à établir un consensus articulé autour d'un échange libre d'idées et de critiques.

C'est seulement au moyen d'une grande sincérité et d'une discussion ouverte sur les idées et les propositions que nous serons à même de mieux identifier la façon de servir les peuples du monde entier.

J'essaierai d'agir activement afin d'être à la disposition de tous les intéressés. En particulier, pour rendre l'ONU plus proche de l'humanité, je vais travailler pleinement pour que la société civile s'engage sur la voie du dialogue. Je ferai en sorte d'obtenir l'aide et la participation des organisations de soutien à des causes humanitaires, du monde des affaires et des autres composantes de la société civile à travers le monde et ce, pour le bien de l'Organisation.

Mon mandat sera marqué par les efforts incessants que je ferai pour établir des passerelles et combler les écarts. Un leadership harmonieux, exemplaire refusant la division, et évitant trop de directives abruptes, m'a toujours servi. Comme Secrétaire général, je tiens donc à rester fidèle à ces principes.

Je serai entièrement responsable pour la gestion du Secrétariat. Les Etats membres établissent les mandats et fournissent les ressources. Si les ressources me paraissent insuffisantes pour relever les défis, je n'hésiterai pas à vous le dire. Mais une fois que nous, au Secrétariat, avons décidé d'assumer la charge de notre mission, nous devons être entièrement responsables pour la mener à bien.

[불어 연설 내용 번역]

의장님, 각국 대사님, 신사숙녀 여러분, 저는 사무총장으로서 사무국을 개방적이고 책임 있는 방식으로 이끌어갈 결심입니다. 저는 자유로운 의사와 비판의 교환을 기반으로 의견 일치를 이끌어내려 노력할 것입니다. 오직 고도의 성실성, 그리고 의사와 제안에 대한 공개 토론을 통해서만이 우리가 세계 국민들에게 도움이 될 방법을 찾아낼 수 있을 것입니다.

저는 스스로가 모든 당사자들이 만나기 쉬운 사람이 되려고 열심히 노력할 것입니다. 특히, 유엔의 손길이 전 인류에게 더욱 가까이 미치도록 말입니다. 저는 또한 모든 시민사회가 대화의 길로 들어서도록 하는 데 진력할 것입니다. 저는 전 세계의 인도적 대의를 지원하는 단체들과 경제계, 그리고 기타 시민사회 구성원들로부터 유엔의 대의에 대한 지지와 참여를 끌어내도록 힘쓸 것입니다.

제 임기는 가교를 잇고 균열을 채우는 부단한 노력이 특징이 될 것입니다. 분열을 배격하고 급작스런 변화를 지양하면서 잘 드러난 것과 같은 조화하는 지도력은 항상 제게 훌륭한 도움이 되고 있습니다. 사무총장으로서, 저는 그러한 원칙들을 계속 지켜나갈 각오입니다.

저는 유엔사무국의 운영을 전적으로 책임지게 될 것입니다. 회원국들은 유엔의 임무를 설정하고 필요한 자원을 제공합니다. 만약 그 임무들을 맡기에 자원이 부족하다고 판단한다면, 저는 주저 않고 회원국에게 자원 제공을 요청할 것입니다. 일단 어떤 임무의 짐을 짊어지기로 결정한다면, 우리는 전적으로 책임을 지고 임무를 제대로 완수해야 하기 때문입니다. <불어 연설 끝>

통역사들에게 사랑과 미움을 동시에 받은 부시 대통령

당선 과정부터 말 많고 탈 많았던 부시 주니어. 클린턴 행정부 시절 부통령이었던 앨 고어와 부시 주니어와의 대결은 끝까지 팽팽했다. 부시의 군복무 태만과 방탕했던 젊은 시절 등 인간적인 결점이 들춰지는 선거전이었지만 부시는 그 인간적인 매력을 앞세워 보수 세력의 지지를 등에 업고 당선됐다. 하지만 당선이 확정되기까지의 여정은 쉽지 않았는데, 초유의 플로리다 재검표 사건이 바로 그것이다. 문제의 발단은 바로 카드에 펀치로 구멍을 뚫을 때 생기는 작은 종이, 천공 부스러기로 불리는 차드(chad)였다.

완전히 떨어져나가지 않고 붙어 있는 차드가 문제시되면서, 지난 2000년 대선에서 재검표 논란이 일어났고, 무려 5주 동안 대통령 당선자 발표가 보류되는 소동이 일어나 미국은 물론 전 세계의 이목을 집중시켰다. 그 바람에 선거부터 개표, 그 뒤에 이어지는 재검표와 법정 판결까지 CNN에서 긴급하게 타전되는 속보를 동시통역할 일이 많이 생겼다. 그것뿐이랴. 당선 직후 터진 9 · 11테러, 그리고 이어진 대 이라크 전쟁! 15년 가까운 통역사 생활 중 가장 힘들고 고된 순간이었다. 덕분에 부시는 YTN 통역사 사이에서 스트레스 쌓이는 일만 잔뜩 안겨준 'trouble-maker(말썽쟁이)'로 불렸다.

하지만, 당선 직후 계속 일을 몰고 다녀 통역사들에게는 밉상 대통령으로 찍혔었던 부시이지만, 2004년 미 대선 TV 후보토론회에서는 통역사들이 서로 부시의 통역을 맡으려 신경전을 벌이기도 했다. 당시 민주당 후보였던 존 케리 상원의원은 '똑똑한' 만큼 달변가이기는 하지만, 다소 무미건조한 억양으로 지루하다는 평가를 받고 있었다. 3차까지 이어지는 90분간의 TV 토론회에서 두 명씩 짝을 이뤄 한 후보씩 담당하는데 부시 후보를 맡은 통역사가 진행자의 질문과 멘트까지 커버하도록 배분됐지만, 그래도 통역사들은 밉상이라도 부시 후보를 선호했다. 케리 후보가 단위 발화수도 많은 편인데다가 온갖 수치와 통계를 넣어 이성적인 설득력으로 호소하는 반면, 부시 후보는 간결하고 감정에 호소하는 발언이 많았기 때문에 처리해야 할 정보 부담이 적었기 때문이다.

예를 들면 이렇다. 같은 실업 문제에 대해서라도 부시 후보가 "치솟는 실업률을 낮추기 위해 애쓰겠다"라고 말하면 케리 후보는 "OOOO주(州)에 1만 5천6백5명, OOO주에 6천8백9십 명, OOO주에 7천4백4십 명이 실업 상태인 것을 감안할 때 XXX 조치를 취해야 합니다"라는 식이다.

이러니 당연 케리 후보 쪽을 맡은 통역사의 경우에는 처리해야 하는 정보량도 많고 전달 속도도 빨라야 하기 때문에 부시 후보 쪽보다는 피로도가 높을 수밖에 없었다. 내용상으로는 빈약했지만 귀에 쏙쏙 들어오고 상대적으로 단순한 메시지, 그게 부시후보가 통역사에게 사랑받은 비결이었다. 가만히 생각해보면, 부시가 미국 대통령으로 재선되는 데 흑백의 단순하고 간결한 논리가 일조했다는 해석도 틀리진 않은 것 같다.

[2004년도 10월 8일 2차 후보토론회

: Second Presidential Debate, October 8, 2004]

- ABC 뉴스의 찰스 깁슨 앵커의 사회로, 케리와 부시 후보가 2차 후보 토론회를 가졌다. 같은 단위 시간에 나온 두 후보의 발언 길이와 정보량의 차이를 한눈에 비교할 수 있다.

Q1) KERRY: Yes, I think we should look at the punitive and we should have some limitations. But look, what's really important, Charlie, is the president is just trying to scare everybody here with throwing labels around. I mean, "compassionate conservative," what does that mean? Cutting 500,000 kids from after-school programs, cutting 365,000 kids from health care, running up the biggest deficits in American history.

Mr. President, you're batting 0 for 2.

I mean, seriously -- labels don't mean anything. What means something is: Do you have a plan? And I want to talk about my plan some more -- I hope we can.

GIBSON: We'll get to that in just a minute. Thirty seconds, President Bush.

BUSH: You're right, what does matter is a plan. He said he's for -- you're now for capping punitive damages? That's odd. You should have shown up on the floor in the Senate and voted for it then.

Medical liability issues are a problem, a significant problem. He's been in the United States Senate for 20 years and he hasn't addressed it. We passed it out of the House of Representatives. Guess where it's stuck? It's stuck in the Senate, because the trial lawyers won't act on it. And he put a trial lawyer on the ticket.

Q2) KERRY: In fact, it doesn't ask you to do anything -- if you don't want to take it, you don't have to. If you like your high premiums, you keep them. That's the way we leave it.

Now with respect to the deficit, the president was handed a $5.6 trillion surplus, ladies and gentlemen. That's where he was when he came into office. We now have a $2.6 trillion deficit. This is the biggest turnaround in the history of the country. He's the first president in 72 years to lose jobs.

He talked about war. This is the first time the United States of America has ever had a tax cut when we're at war.

One percent of America, the highest one percent of income earners in America, got $89 billion of tax cut last year. One percent of America got more than the 80 percent of America that earned from $100,000 down.

I want to put money in your pocket. I am -- I have a proposal for a tax cut for all people earning less than the $200,000. The only people affected by my plan are the top income earners of America.

BUSH: Well, look at the budget. One is make sure Congress doesn't overspend. But let me talk back about where we've been. The stock market was declining six months prior to my arrival.

It was the largest stock market correction -- one of the largest in history, which foretold a recession. Because we cut taxes on everybody -- remember, we ran up the child credit by $1,000, we reduced the marriage penalty, we created a 10 percent bracket, everybody who pays taxes got relief -- the recession was one of the shortest in our nation's history.

예정된 동시통역을 위한 TIP

1. 주제 파악(?)이 중요하다

라이브 동시통역에서 가장 중요한 건 바로 주제 파악이다. 뉴스가 나오면서 전말이 파악되는 속보와는 달리, 예정된 라이브 동시통역은 주제와 전달하려는 메시지가 분명하다. 언제 누가 무슨 주제로 연설을 하겠다는 게 분명하므로, 주제 관련 검색이 비교적 용이하다. 어떤 주제로 어떤 얘기가 나오게 될지를 정확히 파악하고, 준비하면 동시통역할 때 새로운 정보량의 부담을 줄이고 비교적 부담 없이 마칠 수 있다.

2. 자주 나올 것 같은 표현을 미리 적어둔다

대부분 동시통역하면 들리는 단어를 기계적으로 외국어에서 한국어, 혹은 한국어에서 외국어로 옮기는 것으로 오해하는 경우가 많다. 하지만 동시통역 능력은 최대한 많은 단어를 옮기는 것이 아니라, 최대한 핵심 정보와 메시지를 자연스러운 한국어로 옮기는 것이다. 실제로 초보 통역사와 경력 통역사의 동시통역 결과를 비교 분석한 연구논문에 따르면 초보 통역사의 발화 단어량이 경력 통역사보다 많았지만, 핵심 정보 처리량 면에서는 경력 통역사가 훨씬 많은 것으로 드러났다. 이렇듯 최대한 많은 단어와 정보를 빠짐없이 통역하는 것보다는 얼마나 핵심 아이디어를 잘 잡아서, 불필요한 정보는 없애고 알기 쉬운 한국어로 표현해 정리해주느냐가 통역품질을 크게 좌우한다. 따라서 경험이 적은 통역사일 경우, 들으며 무조건 빠르게 정보를 처리해야 한다는 강박감에 한국어가 어색한 직역으로 나오기 쉽다. 그걸 방지하기 위해 통역할 주제와 관련해 자주 나올 것 같은 한국어 표현을 입에 붙도록 되풀이 연습하거나, 미리 노트에 적어 준비해뒀다가 사용하는 게 좋다.

3. 다양한 채널을 통해 원고를 구하라!

예정된 라이브 동시통역이라면 원고가 분명히 존재한다. 문제는 그걸 사전에 입수할 수 있느냐이다. 우리 정부가 주관하고 작성한 원고라면, 출입 기자에게 '엠바고' 상태의 보도 자료가 전해진다. 반기문 사무총장의 취임연설도 외교부를 통해 연설원고를 미리 입수한 덕분에 불어 부분까지도 당황하지 않고 통역할 수 있었다. 그리고 지난 2009년 12월 17일, 덴마크 코펜하겐의 기후변화협약 당사국 총회에서 이명박 대통령이 기조연설을 할 때, 생중계 보도를 위해 영어 연설을 한국어로 동시통역해야 하는 상황이 발생했다. 그때도 영어 원고를 미리 입수한 덕분에 100% 커버력을 자랑하는 완벽한 통역을 할 수 있었다.

하지만 이런 행운은 방송통역사의 경우에 거의 복권에 당첨될 확률 정도로 보면 된다. 대부분 외국 정부나 단체에서 하는 연설을 통역하는 경우가 많고 그 때문에 사전에 원고를 얻기란 거의 불가능에 가깝다. 하지만 시간과 열의만 있다면 사전에 관련 부처나 기관에 전화나 메일로 요청해볼 수는 있다. 하지만 담당자를 찾기도 힘들뿐더러, 담당자를 찾았다고 하더라도 그쪽도 엠바고 자료인지라 사전 유출을 꺼려 곤란하다는 정중한 거절을 받기 십상이다. 그래도 100% 커버력을 자랑하는 완벽한 통역을 위해서라면 그깟 전화품과 거절당하는 면박쯤은 참을 만하지 않은가!

[S. Korean president's keynote speech at UN climate conference; COPENHAGEN, Dec. 18]
[출처: YTN 2009년 12월 17일 방송]

"First of all, I join you in thanking the Danish government and the peop le of Copenhagen for preparing this meeting.

The decisions that we make here today will affect not only ourselves but our children and the future of this planet. Almost seven billion people are watching us. We must not disappoint them or ourselves.

If we wish to make any real difference, the only way is to take action together. Instead of saying "you first," we should start by saying "me first."

Tackling climate change must begin with each of us doing our own part and once we do we can start a truly positive cycle around the world. This is the reason why Korea proposed a NAMA registry.

This mechanism will internationally recognize the voluntary targets set by developing countries and increase transparency and also provide assistance so that they can achieve these goals. This will be one way to encourage countries to act voluntarily.

As promised, Korea announced its own mid-term mitigation goal. As a non-annex 1 country, we made a voluntary and unilateral pledge that satisfies the highest demand recommended by the international community.

As you know, the Korean economy has always been very energy-intensive. For the last fifteen years, our greenhouse gas emissions almost doubled. For such a country, meeting this pledge is no easy task at all. But, Korea chose to be an early-mover when it comes to tackling climate change.

Various stakeholders met numerous times to listen to each others' concerns and needs. And in the end, we came to an agreement. We all agreed that we must do this because acting first is good for us and good for the world.

Yes, I believe a 'Me first attitude' is the fastest way to save our planet. Leaders and world citizens! We all agree on the need to reduce greenhouse gas emissions. But how?

There are many different opinions when it comes to answering this question. This is why here in Copenhagen we must focus upon 'how' we are going to reduce our emissions. In particular, when we consider our need to continue economic development, coming up with a solution becomes very important.

In this regard, we must focus on 'how to' reduce greenhouse gas emissions, as much as we do on 'how much.'

In the case of Korea, we set up 'Low Carbon Green Growth'; as our new national vision.

We are annually investing 2 percent of our GDP into R&D on new green technologies and green infrastructure. For this, the Basic Law on Green Growth is about to be passed by the end of this year.

We will do our best to reduce carbon emissions but also seek new engines of growth that will ensure sustainable development, more jobs and a greener future. And I hope to share this with all of you.

This is one reason why Korea will establish a Global Green Growth Institute or GGGI during the first half of next year. The GGGI will help all of us share our experiences and know-how with each other.

We will gather scholars, scientists and civil society leaders from around the world to come up with workable solutions to our problems. In the spirit of global partnership, the GGGI can act as a global think tank and as a bridge between the advanced and the developing countries.

In this regard, Korea is ready to contribute in opening up the post-2012 regime by hosting the COP 18 in 2012.

Excellencies, ladies and gentlemen, and world citizens, we all agreed on the 2 degree target. Now, we must act to save our planet.

We have been given a historical responsibility. What we achieve here and the actions that we take from now on will shape the future. Let us not forg et that.

It is now time for us to take action together. Thank you."

4. 때로 동시해설가(?!)가 되라

방송동시통역이 국제회의통역과 가장 크게 다른 점은 통역의 시점이 예측불허라는 것이다. 국제회의는 몇 달 전부터 기조연설자, 주 연설, 패널 토론 등 구체적인 식순과 시간이 정해져 진행되지만, 방송동시통역의 경우에는 예정된 통역이라도 정해진 시간에 통역이 시작되는 경우는 드물다. 현지 사정상 지연되기도 하고, 송출이 늦어지기도 하고, 또 방송 스튜디오에서 앵커와 전문가가 대담 중이거나, 다른 관련 리포트가 나가고 있어 도중에 끊기 애매해, 어느 순간에는 연설 중간, 혹은 라이브 중계의 중간부터 시작되는 경우가 다반사이다. 통역 스튜디오에서 열심히 손사래를 쳐서 이제 시작됐다고 알려줘야 비로소 앵커가 '동시통역으로 들어보시겠습니다'라고 멘트를 한 후, 동시 화면으로 넘어간다.

그럴 때면 앞 문장 잘라내고 중간부터 대뜸 들어가야 하는데, 시청자들에게 아주 불친절한 통역이 된다. 초보 통역사들이 자주 저지르는 실수가 바로 그런 것이다. 통역사 자신은 계속 현장음을 들으며 상황을 다 파악하고 있지만, 무조건 온에어 순간부터 통역을 하다보면 앞쪽의 중요한 배경정보가 사라지는 경우가 허다하다. 따라서 노련한 통역사의 경우에는, 필요한 경우 온에어가 되기 전에 나온 중요한 정보와 현장의 배경 설명 등을 언급해주고 통역을 한다. 별거 아닌 아주 작은 일 같지만 거기서 초보와 노장 통역사가 판가름 난다. 들리는 대로 무조건 말을 옮기는 앵무새가 아닌 다면적인 판단으로 적절한 설명과 해설까지 덧붙여주는 노련미를 갖춰야 진정한 방송동시통역사로 거듭나는 것이다.

03

스튜디오 출연 통역이란 무엇인가?

동시통역사는 투명인간?
데니스 강이 누구? 주짓수는 뭐지?
이종격투기 스타와의 첫 대면
막내동생은 남자일까, 여자일까?
스튜디오 출연 통역을 위한 TIP

스튜디오 출연 통역이란 무엇인가?

동시통역사는 투명인간?

동시통역사는 겉은 화려해 보이지만 실상 일하는 공간이나 환경을 보면 그다지 화려하지는 않다. 에스코트나 순차통역의 경우에는 청중 앞에서 시선과 주목을 받는 건 사실이지만, 통역 서비스를 제공해야 하는 사람과 연사의 커뮤니케이션을 도와주는 역할이지 주인공이 되어서는 안 된다는 점을 항상 염두에 두고 있어야 한다. 국제회의 동시통역사의 경우도 마찬가지이다. 회의진행과 소통을 위해 필수적인 일을 하고 있지만, 항상 그림자처럼 투명인간처럼 녹아 있어야 하지 결코 주인공이 되어서는 안 되고 그럴 수도 없다. 통역사의 존재감이 없어야 진정한 소통이 가능하다.

어느 날 갑자기 우리에게 발가락이 있다고 인지하는 순간은, 아마 발가락이 아파서 불편함을 느낀 때일 것이다. 항상 곁에 있고 자연스러워서 존재를 인식하지 못하지만 제 구실을 하지 못할 때 존재감이 느껴지는 우리 몸처럼, 통역사가 있는지조차 모를 정도로 편안한 통역을 할 수 있어야 진정한 통역의 달인이다.

실제로 회의장에서도 동시통역 부스는 회의장 뒤편에, 연사와는 정면으로, 청중이 등을 지고 있는 쪽으로 마련된다. 한 평도 채 안 되는 작은 방음 상자 안에서 오로지 목소리로 연사와 청중 간의 소통을 돕는다. 통역사는 그림자처럼 투명 인간처럼 회의에 녹아 있어야 한다. 그런 점에서는 방송동시통역도 마찬가지다. 브레이킹 뉴스 영상과 오디오가 나오면 통역사는 오로지 메시지와 뉴스 전달자로만 존재할 뿐, 출연 기자나 초대된 전문가처럼 방송 전 메이크업이나 드라이를 할 필요가 없다. 오디오만 나가니까.

방송동시통역이 진귀한 일이었던 초창기 때는 화면 하단에 동그란 분할 화면으로 동시통역하는 장면이 나가기도 했지만, 헤드폰 끼고 집중하느라 카메라 쪽은 전혀 응시하지 않는 통역사의 모습은 곧 '비디오 아웃'되는 신세가 된다. 요즘에는 생중계 장면 하단에 스틸 사진과 통역사 이름만 자막으로 처리되는 게 일반적이다.

그런데 드물지만 아주 가끔 통역사가 스튜디오에 동반해 출연하는 경우가 많다. 대부분의 연예 프로그램에서 외국인 가수나 마술사가 등장했을 때 통역이 곁에서 간단한 질문과 대화를 도와주는데, 생방송이 아닌 이상 대부분 편집되고 통역사는 사라지고 질문과 대화만 남는다. 녹화 방송이 아닌 생방송은 사고와 실수의 위험이 따르는 만큼 항상 조심스럽다. 그런 이유에서 생방송에서 통역하는 일은 드문데 빠른 속보 전달이 관건인 뉴스 보도국에서는 그런 일이 빈번하다.

생방송 뉴스Q라는 프로그램의 3부에 화제의 인물을 스튜디오에 초대해 대담을 나누는 코너가 있었는데, 지난 2007년 3월 12일 갑자기 출연 통역 요청이 들어왔다. 데니스 강이 출연하는데 스튜디오에서 통역을 해달라는 거였다. 통역을 부탁하는 PD는 일반적으로 출연자가 누구고 어떤 주제가 논의될지 얘기해주는데, 데니스 강의 경우엔 너무나 유명해 따로 설명이 필요 없다는 듯한 태도였다. 그렇다면 대단한 사람임에 분명한데 누군지 전혀 모르겠다. 그래서 누구인지 물었더니 이종격투기 선수란다. 스포츠엔 문외한에 관심조차 없으니 모를 수밖에…. 이종격투기 선수가 왜 뉴스 Q에 출연하는지 의아할 뿐이었다.

통역을 앞두고 예상 질문과 배경 지식을 공부하다보니, 데니스 강은 '스피릿 MC 헤비급 챔피언'에 등극한 후 한국을 대표해 '프라이드(PRIDE)'에 데뷔했고, 프라이드에서 6연승을 하는 기염을 토하면서 명실공히 국민 파이터로 대한민국 국민, 특히 남자들의 사랑을 한 몸에 받고 있었다. 주 종목이 레슬링하고 'jujitsu(주짓수)'라고 하는데, 이건 또 뭐란 말인가? 아무래도 격투무술의 한 종류인 듯한데, 검색해보니 '브라질 유술(柔術)'이라고 불린단다. 관절 꺾기나 조르기 등을 이용하여 상대방을 제압하는 무술이라고 한다. 관절 꺾기와 조르기는 뭐라고 하지? 각종 격투 기술의 영어와 한국어 표현을 찾아 정리하느라 바쁘다. 생소한 주제라 공부거리가 많다. 평소 정말 사소한 주제라도 관심을 두고 알아두면 통역할 때 많은 도움이 된다. 알고 있는 정보량이 많을수록 사전 검색과 배경 지식 공부 시간을 크게 줄일 수 있다. 격투기에 비유하자면, 평소 연습을 꾸준히 한 선수는 시합을 앞둔 초치기 훈련 스트레스가 덜한 것과 비슷하다고 할까?

– 주짓수(jujitsu)란?

브라질 유술로도 불린다. 브라질로 이주한 일본의 유도가 마에다 미츠요(일명 콘데코마)가 많은 실전 속에서 익힌 격투 기술과 유도 기법들을 그레이시 가문에 전수 한 것인데, 카를

로스 그레이시와 엘리오 그레이시 등에 의해 기술이 개량되어 독자적 형태의 무술이 되었다. 엘리오 그레이시의 아들 호이스 그레이시가 1회 UFC대회에서 우승을 차지하고, 일본의 PRIDE에서 그의 형, 힉슨 그레이시가 활약한 이후, 많은 격투기 대회에서 브라질 유술 수련자들이 우수한 성적을 거두게 되면서 미주와 일본 등에서도 각광을 받기 시작하였다. 최근에는 한국에서도 종합격투기의 인기가 올라가면서 도장과 수련 인구가 늘어나고 있다.

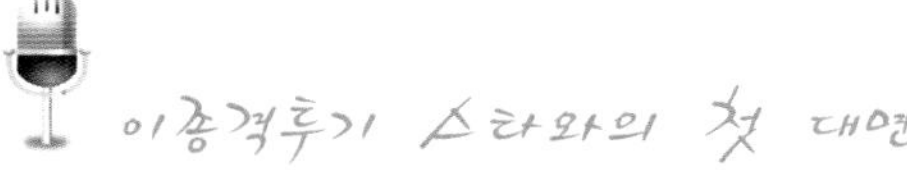

격투기 선수 데니스 강과의 첫 대면은 좀 떨렸다. 거칠고 덩치가 클 것으로 생각했던 것과는 달리 키도 덩치도 큰 편은 아니었다. 오히려 아담한 편에 속해서 조금 놀랐다. 하지만 부상을 당해 깁스를 한 팔 근육은 얼핏 보기에도 사람 얼굴만 했다. 다행히 눈매도 날카롭고 무섭지 않아서 통역하기도 편했다. 격투기라는 거칠고 격한 운동을 하는 사람이지만, 사석에서는 평범하고 부드러운 한 사람이라는 걸 느끼게 하는 눈매였다.

사전 조사와 통역 중에 알게 된 사실이지만, 데니스 강은 한국인 아버지와 프랑스인 어머니 사이에서 태어났다. 원양어선을 타던 한국인 아버지는 프랑스에서 어머니를 만났다. 하지만 데니스 강이 태어날 때 아버지는 곁에 없었다. 어머니는 데니스 강을 데리고 캐나다로 건너갔다. 어머니 밑에서 자란 데니스 강은 격투기를 배웠고, 아버지에 대한 막연한 그리움을 매트 위에서 달랬다고 한다. 캐나다에서 식당 아르바이트 등을 하며 생계를 유지했던 데니스 강. 그는 아버지를 찾고 새로운 이종격투기 인생을 시작하기 위해 한국을 찾았다고 한다.

'푸른 눈의 슈퍼코리안'이란 별명으로 알려진 데니스 강의 인생은 그다지 순탄치만은 않은 듯하다. 2006 그랑프리 웰터급 4강전을 앞두고 약혼녀인 셸비 워커가 갑자기 사망하는 사건이 발생한다. 셸비 워커 역시 프로복싱 출신 격투기 선수였는데, 사인은 명확하지는 않으나 잠들기 전에 진통제를 과다 복용한 것으로 보인다고 당시 언론은 보도했다. 약혼녀를 잃은 데니스 강 역시 큰 충격에 휩싸일 수밖에 없다. 프라이드 웰터급 우승에 도전하기 전부터 "프라이드에서 정상에 선 뒤 챔피언 벨트를 약혼녀에게 선물하겠다"며 "프라이드에서 우승을 거둔 후 내년에 결혼할 계획"이라고 공공연히 밝힐 정도로 약혼녀에 대한 사랑을 숨기지 않았던 터라 안타까움이 더 컸다. 결국 그해 데니스 강은 준우승을 기록했다.

통역 의뢰가 들어오기 전까지는 누군지도 몰랐던 데니스 강. 그러나 많은 사람들이 좋아하는 월드스타였다. 그걸 실감한 건 스튜디오 통역이 끝나고 나서였다. 녹화가 끝나자, 스튜디오 밖에서 구경하던 다른 앵커와 기자, 기술부 남자들이 우르르 달려 들어와 악수를 청하고, 사인을 받고 함께 사진을 찍자고 부탁한다. 다들 마치 할리우드 스타를 본 듯, 눈이 반짝거리고 흥분한 듯 보였다. 그때서야 비로소 격투기류의 스포츠에는 담 쌓고 살아온 나는 '이 사람이 대단한 스타는 스타구나!'라고 느낄 수 있었다.

[뉴스Q 출연 통역 장면(2007. 3. 12.)] 십여 년이 넘는 YTN 통역사 생활 중 TV에 저렇게 길게 풀샷으로 잡힌 건 처음이다.

영어와 한국어는 속해 있는 언어집단도 다르고 문화도 크게 달라서 미묘한 뉘앙스를 잡아내고 통번역하는 게 어렵다. 한국 문화는 관계와 서열을 중시해 친족관계와 상하관계를 나타내는 용어가 발달되어 있지만, 영어권의 문화에서는 남녀와 단수와 복수 구분을 중시하는 성(gender)과 수(number)에서 분명하다는 차이점이 있다. 데니스 강 출연 통역 때도 그 때문에 난감한 순간이 있었다.

보통은 출연자가 스튜디오에 오기 전에 질문지가 나오고 그대로 진행되는 경우가 많아 사전에 어떤 질문과 대답이 오갈지 예측이 가능하다. 그런데 그날 데니스 강의 팬인 앵커가 여러 가지 즉흥 질문을 한다. 팔 부상을 입고 불편한 점은 무엇인지, 그리고 돌연 '인터넷 기사를 보니 최근 막내동생이 모델로 데뷔했다고 들었는데 사실입니까?'라고 묻는다. 앵커의 질문이 끝나기가 무섭게 통역을 시작한다. "According to an internet news media, your youngest…"까지 했는데 갑자기 아득해진다. 아… 막내 동생의 성을 어떻게 해야 할 것인가? brother인가 sister인가? 아주 짧은 순간 많은 생각과 판단이 오간다. 어찌한다? 우리는 막내라는 서열관계면 끝이지만, 영어권에서는 남자인지 여자인지가 더 중요하기 때문이다. 사실 한국어에서 영어로 번역할 때는 my brother, 혹은 my sister라고 할 때 남동생인지 오빠(형)인지, 여동생인지 언니(누이)인지가 알 수 없어 난감할 때가 많다. 번역이라면 시간을 두고 앞뒤 문맥 다 고려해 관계의 포지셔닝(positioning)을 할 수 있지만, 끊김 없이 진행되어야 하는 생방송 통역 상황에서는 어림없는 얘기다. Youngest…까지 나온 후, 당혹스럽게 'sister'라고 해버렸는데, 아뿔싸! 그 뒤 자료 화면으로 사진이 뜨는데 아주 잘생긴 남자인 거다.

다행히, 내 난국을 눈치 챈 친절한 격투기 선수, 데니스 강은 "Yes, He…"라며 금방 받아준다. 그 순간은 그렇게 아슬아슬하게 넘어갔지만, 두고두고 그때 중성 용어, 'sibling'이 튀어나오지 않은 게 후회막심이었다. 아무튼 생방송은 언제나 준비되지 않은 상황 때문에 더욱 진땀난다. 아찔하던 그 순간 때문에 잊히지 않았던 데니스 강의 남.동.생! 5년의 세월이 지난 2011년 지금의 그는 형보다 더 유명한 스타가 되었다. 대한민국 국민 시트콤 「지붕 뚫고 하이킥」에 나왔던 줄리엔, 그가 바로 내가 순간 여자로 만들어 버린 데니스 강의 남동생, 줄리엔 강이다!

스튜디오 출연 통역을 위한 TIP

1. 예상 질문지를 입수하라

통상 방송국에 초대 손님이나 전문가 출연이 있을 경우에는 관련 부서 기자들이 미리 질문을 작성한다. 민감한 주제라면 출연자에게 사전에 질문지를 전달해, 돌출 질문이 나와 당황스러운 상황을 연출하지 않기 위해서이다. 따라서 출연자 통역이 확정되면 관련부서에 예상 질문 원고가 작성됐는지, 작성 중이라면 작성되는 대로 건네 달라고 요청한다. 그래야 사전에 미리 용어도 준비하고, 예상 답변에 대한 배경 지식의 검색 범위도 크게 좁힐 수 있다. 동시통역사는 곁에서 누군가 '툭' 치면 저절로 영어가 나오는 사람이 아니다. 철저한 준비와 논리적인 사고가 있어야 가능하다. 아는 만큼, 준비된 만큼 통역할 수 있다는 걸 절대 잊어서는 안 된다. 통역 전에 가능하다면 원고나 질문지를 먼저 입수하도록 한다.

2. 통역 준비에도 선택과 집중이 필수

다행히 질문지를 사전에 입수하고, 출연자 통역까지 시간여유가 있다면, 먼저 질문을 영어로 문장구역(sight translation: 눈으로 텍스트를 보고 읽으며 동시에 통역하는 통역훈련법)을 하거나 번역을 한다. 그런 다음, 출연자 입장에서 가능한 답변이 무엇이 나올지 유추해서, 정보의 바다 인터넷에서 선택적으로, 집중적으로 배경 지식을 검색해 숙지한다. 보통, 통역 전까지 공부할 시간 여유가 많이 주어지는 편은 아니다. 출연자 섭외와 방송 출연 일정이 훨씬 이전에 잡혀 있다고 해도, 보통 질문이 구체적으로 완성되는 경우는 출연 당일 고작 몇 시간 전이기 때문이다. 제한된 시간을 효율적으로 활용해 대비하려면 선택과 집중이 필수적이다.

3. 방송 전에 출연자와 먼저 접촉한다

통역을 하다 보면 항상 정확히 똑 떨어지는 발음을 가진 일명 '통역사 친화적'인 출연자만 만나게 되는 건 아니다. 미국 국적을 가졌다고 해도, 그 사람의 부모의 고향 그리고 성장한 지역에 따라 악센트가 크게 다르기 때문이다. 네이티브가 아닌 경우도 많다. 영어권에서 교육을 받은 비영어권 국적자일 수도 있고, 때론 모국어 악센트가 심해서 도저히 알아들을 수 없는 영어를 자신 있게 사용하는 사람도 있다. 그러므로 미리 출연자의 악센트와 발화 패턴을 살펴보도록 시간여유가 있다면 만나서 간단한 대화와 오늘 얘기 나눌 주제에 대해 리허설을 해보면 좋다. 하지만 문제는 그만한 시간 여유가 주어지지 않는다는 점이다. 출연자가 방송국에 도착하는 시간이 빨라야 출연하기 한 시간 전 정도이고, 도착해도 담당 PD와 인사하고, 메이크업을 받는 등 좀처럼 얘기를 나눌 시간이 없기 때문이다. 그래도 출연자와 미리 만나 얘기를 나누는 게 완성도 높은 통역을 할 수 있는 지름길이므로, 상황이 여의치 않다고 하더라도 가능한 접촉을 시도해보는 편이 좋다.

4. 당황하지 말고 머뭇거리지 마라

통역사가 갖춰야 할 자질 중에 논리력과 순발력 외에 뻔뻔함이 필요하다고 본다. 당황스럽고 아득해지는 순간을 유연하게 넘길 수 있는 '배짱'이랄까 '뚝심'이랄까, 그런 게 필요하다. TOEIC이나 TOEFL의 LC 테스트를 볼 때, 실수한 앞 문제 때문에 신경이 쓰여 다음 문제를 놓쳐버리는 경우를 다들 한 번쯤은 경험해봤을 것이다. 통역 상황에서는 더욱 그렇다. 만일 숫자를 놓치거나 이름을 제대로 못 들어서 놓친 경우, 머뭇거리다 보면 통역 흐름을 놓치고 다음 문장을 다시 시작하기도 어려운 상황이 된다. 일단 시작한 문장은 매듭을 짓고, 흘러나오는 새로운 정보를 통역해야 하기 때문에, 주저할 여유가 없다. 잠시 삐끗하거나 넘어지면, 무조건 다시 일어나 걸어야 한다. 낯부끄러운 실수를 했다는 자의식에 발목을 붙잡혀 더 큰 그림을 망치지 않으려면 당황하지 말고, 머뭇거리지 말라. 통역사여, 뻔뻔해지고 담대해져라!

04

전화 연결, 동시통역의 새 장을 열다

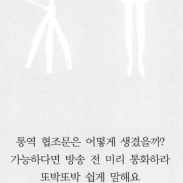

통역 협조문은 어떻게 생겼을까?

가능하다면 방송 전 미리 통화하라

또박또박 쉽게 말해요

앵커와 입맞춤이 중요해

끝이 좋아야 다 좋은 법

전화 연결, 동시통역의 새 장을 열다

방송동시통역에서 가장 진땀나는 순간은 아마도 전화 연결 동시통역이 아닐까 싶다. 모르는 사람과 직접 대면해 인사를 나누는 것보다 전화 통화를 하는 것이 좀 더 떨리고 어색한 것처럼 통역 역시 마찬가지다. 게다가 대부분 전화 연결 상황이 발생하는 건 긴급 상황이 터지고, 그 상황에 대해 잘 알고 있는 현지 담당자를 연결하는 경우이다. 그렇기 때문에 현지 담당자를 섭외하기도 어렵고 어렵사리 섭외가 가능하다고 하더라도 전화 연결이 여의치 않은 경우가 많다. 그만큼 생방송 전화연결 동시통역에는 기존의 통역보다 기술적, 상황적 변수가 두세 배는 많다고 할 수 있다. 그래서 웬만하면 담당 PD도 피하고 싶은 번거롭고, 위험부담이 많은 일이다.

전화연결 방송동시통역을 최초로 시도한 곳도 아마 YTN이 아니었나 싶다. 자주는 아니었지만 YTN에 통역사로 있는 동안 전화 연결 동시통역 상황이 발생한 긴급 뉴스는 다음과 같다.

- WFP 대북지원담당자 전화 인터뷰(2005년 9월 14일 11시)

2005년 9월, 북한은 국제사회의 인도주의적 식량 지원을 더 이상 받지 않겠다며 세계식량계획, WFP와 민간단체들의 철수를 요구했다. 당시 최수헌 북한 외무성 부상은 9월 22일 코피 아난 유엔 사무총장에게 국제사회의 모든 인도적 지원을 중단해 달라고 요청했고, 미국 정부의 대북 식량 지원이 중단된 것도 이때부터이다.

- Fitch 아시아 담당관 전화 인터뷰(2005년 10월 24일 17시)

2005년 10월 24일, 국제신용평가기관인 Fitch사가 3년 만에 한국의 장기 외화채권등급을 종전 A에서 A+로 한 단계 상향 조정했다. Fitch사는 제4차 6자 회담의 공동성명 채택으로 한국의 안보위험이 실질적으로 감소한 것으로 평가하고, 9월 19일에 한국을 긍정적 관찰 대상(Rating Watch Positive)으로 평가한 바 있다. Fitch사는 한국의 대외부분 경쟁력, 재정 건전성 등이 유사등급 국가에 비해서 우수한 것으로 평가하면서도 북한 문제를 등급상향의 제약요인으로 인식하여 신용등급을 미뤄왔다.

– 미 총영사 전화 인터뷰(2005년 1월 26일 미 총영사 전화 인터뷰)

2005년 1월 26일, 마이클 커비 주한 미국대사관 총영사는 한국인의 미국비자 문제와 관련, "모든 절차가 잘 진행될 경우 한국이 2008년 미국 비자 면제 프로그램에 가입할 가능성이 있다고 낙관적으로 본다"고 말했다. 커비 총영사는 "다만 미국 비자 거부율 3% 미만인 상태가 2년간 유지되는 등 몇 가지 조건이 충족되어야 한다"고 덧붙였다. 미국의 비자면제 프로그램(Visa Waiver Program)에 가입한 나라 국민은 90일 단기 방문 비자에 한해 비자를 면제받게 된다. 우리나라는 지난 2008년 11월 미국의 비자면제 프로그램 해당국가로 지정됐다.

– KBS 기자 피랍 관련 팔레스타인 국장 인터뷰 전화 통역 (2006 3월 15일 3시 30분)

2006년 3월 14일, KBS 두바이 주재 용태영 특파원이 팔레스타인 가자지구에서 무장세력에 의해 피랍되는 사건이 발생한다. 용 특파원은 팔레스타인 집권세력으로 부상한 하마스를 취재하려고 1주일 예정으로 가자지구에 들어가 14일 오후 현지의 호텔에 머물던 중 객실로 난입한 PFLP(Popular Front for the Liberation of Palestine: 팔레스타인 해방 인민 전선) 조직원에 의해 다른 외국인들과 함께 납치당했다. 정부는 피랍 직후 긴급대책본부를 설치, 외교채널을 총동원한 무사귀환 노력에 착수하고 테러대책상임위원회를 열어 대책을 협의했다. 반기문 당시 외교부 장관도 팔레스타인 외무장관에 전화를 걸어 조기 석방을 위한 협조를 구하는 등 입체적인 외교를 펼쳤다.

– 아이티 지진 직후, 현지 활동하던 World Vision 관계자 연결

2010년 아이티 지진은 2010년 1월 12일 한국 시각 오전 6시 53분, 현지 시각 오후 4시 53분에 발생했다. 아이티의 수도인 포르토프랭스 인근 지표면으로부터 13킬로미터 깊이에서 발생한 이 대지진으로 아이티 대통령궁과 국회 의사당을 포함한 포르토프랭스의 주요 건물들이 붕괴했거나 손상됐으며, 감옥, 공항, 병원과 같은 시설이 폐쇄됐다. 국제 적십자 위원회는 이번 지진으로 인해 피해를 입은 인구가 아이티 전체 인구의 1/3인 300만 명에 이를 것으로 추산했으며, 사망자는 45,000~50,000명에 이를 것으로 추산했다.

[전화 연결 YTN 생중계 통역 협조문]

★ 월드비전 아이티 홍보디렉터
우리 시각 14일 밤 12시~12시 5분
뉴스 중 전화 연결 시도
통역사: 이지연

질문은 순차통역,
답변은 동시 통역

따라서 이지연 씨가 스튜디오에 앵커와 함께 출연해
진행하는 형식(편집부와 얘기됐음)

★ 인적 사항

1) Magalie Boyer(매걸리 보이어)
- 월드비전 아이티 홍보팀 디렉터
- 아이티 Port-au-Prince(포르토프랭스)에서 태어나서 청소년시절까지 자람.
- 청소년기 이후에는 미국으로 이주하여 대학까지 마쳤으며, 2009년 3월부터 월드비전 아이티 홍보팀에서 일함.

+1 864 *** **** (오늘 오전에 먼저 통화했던 번호)
+1 509 *** *** **

2) 월드비전 홈페이지 www.worldvision.or.kr

3) 지진피해복구 지원계좌: 기업은행 082015-19504-036
(예금주: 사회복지법인 월드비전)

★ 그래픽팀에 전화연결 시 스퀴즘 사진 의뢰했음
2부조(1664번)로 보내달라고 했음(확인)

[월드비전 디렉터가 전하는 현지 상황 질문서]

[앵커멘트]
엄청난 인명 피해가 예상되고 있는 아이티는 지진 이후 그야말로 대혼란에 빠져 있습니다. 구조작업은 지지부진한 데다 수많은 부상자들이 도움의 손길을 기다리고 있고 약탈 등 범죄도 이어지고 있습니다. 현지에서 구호 활동을 하고 있는 구제구호단체 '월드비전' 관계자를 연결해 지진 당시 상황과 현재 상황을 알아보겠습니다. 월드비전 아이티 사무소 홍보팀 디렉터인 매걸리 보이어 씨가 전화로 연결돼 있습니다.

[질문 1]
안녕하십니까? 먼저 지진 당시 현지에 계셨던 걸로 알고 있는데요, 처음 강진과 여진이 났을 때 상황이 어땠는지 전해주시죠.

[질문 2]
사망자가 10만 명 또는 더 많게 50만 명에 이를 수도 있다는 예상이 나오고 있는데요, 현장에서 보시기로는 어떻습니까?

[질문 3]
아이티 현지에는 멀쩡한 건물을 찾아보기 어려울 정도로 건물들이 무너졌고, 많은 주민들이 건물 더미 아래 생매장됐다고 들었습니다. 구조작업은 어떻게 진행되고 있나요?

[질문 4]
생존자들도 중상자가 많고 병원도 의료진과 의약품이 부족한 상태라고 하는데요, 어떻습니까?

[질문 5]
거리에 시신이 그대로 쌓여 있다고 하는데요, 수습 작업은 어떻게 진행되고 있습니까?

[질문 6]
언론 보도에 따르면 대통령궁도 붕괴해 대통령조차 갈 곳이 없다고 들었는데요, 어디에 머물고 있습니까?

[질문 7]
월드비전에서 일하고 계신데요, 아이티에서 어떤 활동을 펼치고 계십니까? 특히 이번 지진 이후 어떤 구호 노력을 펼치고 계신가요?

〈Questionnaire〉

[Q1] Hello, Ms. Magali Boyer. Thank you for taking time for us. And we know that you were at the scene when the earthquake hit. How was it like when the earthquake and after shocks shook the city?

[Q2] Currently it' s estimated that death toll could reach 100,00, or as many as 500,000 What' s your estimation?

[Q3] It seems that every single building in the city collapsed by the earthquake and a quite number of people are buried alive underneath. How is the rescue operation going?

[Q4] It's said that many of survivors are in critical conditions and hospitals are helpless with severe shortage of medical staff and supplies. Would you tell us about the situation?

[Q5] They say corpses are stacked up on the streets, and how is the recovery operation going?

[Q6] Reportedly, even the presidential palace collapsed and the president himself has nowhere to go. Do you know where he is staying now?

[Q7] And as a World Vision member, what do you usually do in Haiti? And more specifically, what kind of humanitarian efforts are you making following this earthquake?

편한 모국어라도 낯선 사람과의 전화 통화는 다소 긴장되기 마련이다. 하물며 영어를 제2외국어로 늦게 배우기 시작한 사람들이 가장 곤혹스러워하는 경우가 이런 전화 통화가 아닐까? 대면하고 말을 하는 것보다 전화 통화가 더욱 어색하고 어려운 것은, 언어외적 정보가 전혀 없기 때문이다. 다시 말하면, 상대를 마주보고 대화할 때는 표정이나 손짓, 시선 등의 일명 '보디랭귀지'가 주는 사소하면서도 문맥 파악에 매우 유용한 정보가 추가되지만, 전화 통화에서는 순전히 청각 언어 외에는 추가 정보가 제공되지 않기 때문이다.

문득 대학원 다닐 때의 일화 한 가지가 떠오른다. 영미 문화 이해를 가르치시던 도나호 교수님이라고 마음 좋게 생긴 외국인 교수님이 계셨는데, 과제 관련해서 말씀 드릴 일이 있어 전화를 드릴 일이 생겼다. 나름 머릿속으로 드릴 말을 정리해서 전화했는데, 자동응답기에서 "Please leave your message"라는 기계음이 들린다. 순간 당황해서 "Uh… Hi. Professor Donahoe…. I'm… uh…" 한참을 떠듬거렸다. 전화를 끊고 나서는 도나호 교수님이 듣기 전에 자동응답기에 녹음된 내 음성을 지우고 싶어 밤새 고민했던 기억이 있다.

언어외적 정보도 부족하고, 더군다나 일면식도 없는 사람과 업무상 전화 통화를 해야 한다면, 그것도 전국적으로 생방송되는 전화통화를 통역해야 하는 부담감은 상당한 것이다. 따라서 일단 위의 협조문에서처럼 일단 섭외가 되고 전화 인터뷰가 확정되면 연락처로 먼저 비공식적으로 전화 연결을 해본다. 물론 항상 급하게 인터뷰가 잡히고, 통화 대상자가 도처에서 전화 연결 요청을 받을 인물일 가능성이 커서 시간 여유가 부족해 장시간 연결은 불가능하다. 그래도 가능하다면 방송 전에 책임 통역사가 먼저 전화를 걸어, 인터뷰 대상자에게 한국 앵커의 말은 순차통역으로, 당신의 대답은 동시통역으로 진행된다는 걸 알려준다. 그런 한편, 미리 통화를 하면서 통화 중에 잡음은 들어가지 않는지 확인하고, 인터뷰 대상자와 통역사의 오디오 레벨을 맞춰주는 작업도 할 수 있다.

전화연결을 할 때도 질문서는 국제부 기자가 작성하는데, 미리 받아서 훑어보고 시간 여유가 있다면 영역을 해놓아 방송 중 실수할 확률을 최소화한다. 또, 영역을 할 때는 최대한 명확하고 쉬운 단어를 쓴다. 자신의 영어 실력을 자랑하는 자리가 아니므로 현란한 단어와 의전 용어는 생략하고, 최대한 전달이 빠르고 쉬운 문장 구조를 만들라. 인터뷰 대상자가 완벽한 영어 구사자가 아닌 경우가 있고, 또 얼굴 표정이나 분위기 등 기타 시각적 정보가 전혀 없이 귀로만 의지하는 전화통역이라는 점을 감안할 때 최대한 단순한 단어를 사용해 메시지를 또박또박 전달한다. 영어 실력을 뽐내기 위해 현학적인 단어를 사용했다가, 생방송 도중 상대방에게서 'Pardon, would you repeat that question?'이라는 역질문을 당하는 난감한 상황이 연출될 수 있다.

아이티 지진이 발생하고 현지 월드비전 직원과 전화 통화를 할 때였다. 5번 질문이 "거리에 시신이 그대로 쌓여 있다고 하는데요, 수습 작업은 어떻게 진행되고 있습니까?"였는데, 나는 미리 "They say corpses are stacked up on the streets, and how is the recovery operation going?"라고 질문을 영역해 놓았다. 그런데 'corpses'와 'stacked up'이라는 단어가 최고 난이도는 아니지만, 비교적 문어적인 표현이라서 영어를 모국어로 사용하지 않는 상대방이라면 다소 무리일 수도 있겠다 싶었다. 그런데 아니나 다를까 생방송 사인이 들어오고 전화 통역이 진행되는데, 5번 질문에서 상대방이 "Pardon? Would you repeat the question?"이라고 되묻는다. 혹시나 했던 일이 발생한 순간이었다. 아차, 싶어서 "They say bodies are piled up on the streets."로 고쳐 다시 질문을 하면서 Q&A가 이어졌다.

되도록 발음도 정확하게 또박또박 해주면 좋다. 비영어권 외국인이라면 더더욱 그렇다. 나의 현란한 영어 실력을 뽐내는 자리가 아니라 명확한 커뮤니케이션이 목적임을 한시라도 잊어서는 안 된다. 게다가 속보를 전하는 방송의 특성상, 같은 질문을 한 번 이상 반복하는 바보 같은 짓은, 시청률 하락과 인터넷 비난 글의 폭주로 이어진다는 걸 명심하라.

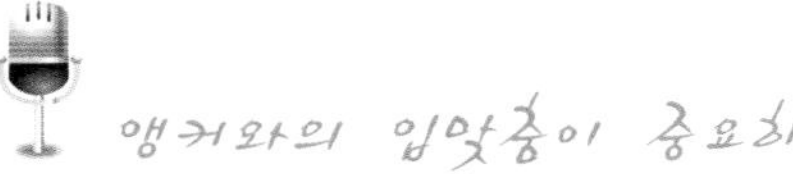

우리가 매일 TV에서 접하는 뉴스는 많은 사람들이 각자의 자리에서 맡은 임무를 완수해 만들어내는 유기적인 생산물이다. 뉴스자료 화면을 찍고, 수신하고, 편집하는 일부터, 취재하고 기사를 쓰고 편집장격인 부서장의 승인을 받고, 스튜디오에서 앵커가 리딩(Leading)을 준비하고, 부조종실에서의 제작까지…. 30분짜리 뉴스를 만드는 데 얼마나 많은 사람과 시간이 필요한지. 유기적인 협력이 절대적인 뉴스 제작에 투입되는 인원을 각 파트별로 분류해보면, 취재 기자, 카메라 기자, 편집 요원, 오디오 기술자, 비디오 기술자, 자막 요원, 광고 담당, 앵커, 분장실 직원, 스튜디오 카메라 담당, 조명 담당, 프롬프터 담당자, 조연출, 그리고 제작을 총 지휘하는 담당 PD가 있다. 그런 면에서 뉴스는 매일 레퍼토리가 달라지는 일종의 공연과도 같다. PD가 총감독이고 앵커와 출연 기자는 공연자, 나머지는 조명, 음향, 무대 담당자라고 보면 된다. 성공적인 공연을 위해서는 수많은 반복 연습과 실전 같은 리허설이 있어야 한다.

하지만 뉴스와 공연의 가장 큰 차이는 뉴스에는 사전 연습이나 리허설이 불가능하다는 점이다. 돌발적인 상황이 언제든 발생할 수 있기 때문에 뉴스 제작 현장은 갑작스런 변화에 신속하게 대처하기 위해 팽팽한 긴장이 감돈다. 갑작스런 속보나 상황 변화 등의 이유로 리포트의 순서가 뒤바뀌거나, 나가기로 했던 리포트가 돌연 취소되는 경우는 흔한 일이다. 이럴 때 서로 손발이 맞지 않으면 앵커의 멘트와는 다른 엉뚱한 리포트가 나간다든가 생뚱맞은 자막이 올라가는 방송 사고가 생길 수 있다.

따라서 출연 통역을 하게 됐을 때, 혹시라도 온에어 전에 뉴스 진행자와 스튜디오에서 얘기 나눌 시간이 있다면 질문 순서를 그대로 할 것인지, 즉석 질문을 가미할 것인지 등을 물어본다. 혹시라도 통역 중 예상치 못했던 돌발 사태가 발생하리라는 걸, 대비하지 못했을 때는 당황할 수도 있기 때문이다. 뉴스 진행자가 '시간 관계상 준비된 질문의 절반만 하고, 몇 가지 질문은 생략할 수 있다'라고 한다면, 그에 대비한 질문 순서를 잘 기억하고 있어야 순서가 바뀌더라도 당황하지 않는다.

처음 전화인터뷰 동시통역을 할 때 가장 당황했던 순간이 인터뷰를 마무리하는 시점이었다. 일반적으로 전화 인터뷰를 마친 뉴스 진행자는 “오늘 OOOO 주제를 가지고 OOO 씨와 OOOO한 말씀을 나눴습니다. OOO 씨, 바쁘신 가운데 시간 내주셔서 감사합니다. 지금까지 OO(단체)에서 OOO을 맡고 계신 OOO이었습니다.”라고 마무리 멘트를 한다. 처음에는 곧이곧대로 “Today we’ve discussed OOO with Mr./ Ms OOO about OOOO. Thank you for taking time out of your busy schedule. It was Mr./Ms. OOO, OOO of OO(단체).”라고 통역했었다. 그렇지만 인터뷰의 핵심인 본론이 마무리 지어진 상태에서 굳이 어떤 단체의 아무개 씨를 반복할 필요가 없다. 일반적으로 2분 넘어가는 리포트도 지루해할 만큼, 시청자의 인내심은 짧다고 한다. 그만큼 뉴스의 흐름은 빠른 편인데, 이미 다 알고 또 불필요한 정보를 마지막에 몇 번씩 반복할 필요는 없다. 방송의 흐름이 느려지고 지루해지기 쉽다.

하지만 마무리 멘트를 완전히 생략해서는 안 된다. 그건 인터뷰가 끝났음을 상대방에게 알려주는 일종의 신호인 셈이니까. 다만 그대로 통역하지 않고, 미리 준비해놓은 적당한 마무리 멘트를 하는 게 좋다. “Mr. / Ms. OOO, Thank you very much for interviewing with us."라고 간결하게 맺어주면 전화 인터뷰 상대가 인터뷰가 종료됐음을 알아차린다. 그러면 상대가 'Thank you'라는 가벼운 인사로 되받아치며, 생중계 인터뷰 전화 통역이 마무리된다.

05

에스코트 통역, 리에종 통역이란?

IMF의 높은 벽을 넘다
주제 파악이 중요하다
드라마 속 여주인공이 아니야
'나'를 버려라
때론 뉘앙스가 중요하다

에스코트 통역, 리에종 통역이란?

일반적으로 사람들에게 알려진 통역은 동시통역과 순차통역일 것이다. 하지만 통역의 종류에는 회의통역, 사법통역, 에스코트 통역, 공공분야 통역, 의학 통역, 수화 통역, 미디어 통역이 있고, 이런 통역은 방식에 따라 동시, 순차, 위스퍼링(whispering), 릴레이(relay), 리에종(liaison) 통역으로 분류된다. 사람들에게 가장 잘 알려지고 또 가장 난이도가 높은 통역으로 선망이 되는 동시통역은 통역 부스에 통역사가 두 명이 짝을 지어 들어가서 헤드폰으로 들어오는 연사의 말을 동시에 통역하는 것으로, 마이크를 통해 나오는 통역사의 목소리를 청중은 앉아 있는 좌석에 마련된 이어피스를 끼고 듣는 방식이다. 순차통역은 연사가 몇 문장 혹은 몇 단락을 말한 후 말을 중단하면 통역사가 노트-테이킹을 해놓았다가 이어서 통역하는 방식으로, 강연회나 발표회에서 주로 사용된다. '위스퍼링'은 '속삭이다'라는 영어 표현대로, 클라이언트 한 명 혹은 소수의 집단 곁에서 작은 목소리로 통역해주는 것이다. 예를 들자면, 어떤 모임이나 회의가 있는데 참석자 대부분이 한국 사람이거나 한국어를 모국어로 사용하는 집단인데, 한 명 혹은 소수만 외국인이라서 진행 내용을 모를 경우에, 그 사람이나 집단을 위해 곁에서 통역이 필요한 경우에 위스퍼링이 진행된다. 회의 진행에 방해가 되지 않으면서 소수자를 위한 의사소통의 방법이다. 그리고 릴레이 통역은 다언어가 사용되는 회의장에서 발생하는 것으로, 불어를 사용하는 연사를 영어로 통역한 것을 받아, 한국어로 통역하는 방식이다. 주로 유엔 회의장에서 자주 볼 수 있다.

그리고 다소 생소한 리에종 통역이란 일종의 연락관 역할로, 커뮤니케이션 채널로 대화나 국제회의가 진행되도록 도와주는 일종의 코디네이터이다. 예를 들면, 지난 2005년 부산 APEC(아시아·태평양경제협력체) 기간 동안에도 각국 대표단의 연락업무에 '리에종'들의 활약이 컸다는 언론 보도가 있었다. 연락관은 각국 대표단과 행사기획단을 연결시켜주는 통로로, 통역은 기본이며 공항 영접부터 환송까지 전 일정을 각국 대표단과 함께하며 회의의 원활한 진행을 도왔다. 이렇게 대표단과 동행하며 필요한 의사소통을 돕는다는 점에서

'에스코트' 통역으로 불리기도 한다.

방송국에서 인하우스 통역사로 근무하다 보면 출연자 외에 가끔씩 세계 각국의 통신사나 방송사, ABC, BBC, TBS 등의 간부나 CNN 리포터가 예방을 하는 경우가 있는데, 보통은 그쪽에서 통역을 대동하고 온다. 하지만 통역을 대동하지 않아 갑자기 회의 통역이나 '에스코트 통역'을 부탁받게 되기도 한다.

회의에 투입되면 순차통역을 하게 된다. 우선 노트-테이킹을 할 속기노트와 펜 두어 개를 챙긴다. 통역사라면 속기노트와 잘 써지는 펜을 항시 무기처럼 곁에 두고 있어야 한다. 빠른 노트-테이킹을 하려면 펜이 좋아야 하는데, 갑자기 펜이 나오지 않으면 통역하다가 새 펜을 가지러 갈 여유가 없기 때문에 항상 부드럽게 잘 써지는 펜을 두세 자루 여벌로 준비하고 있어야 한다.

하지만, 일상적인 방송 통번역 업무를 하다가 예방자 순차통역을 하게 되는 일이 드물다 보니, 한 후배가 준비 없이 이면지 몇 장을 들고 황급히 회의에 들어가는 걸 보고 호되게 야단친 적이 있다. 통역사는 항상 준비가 되어 있어야 한다. 물론 편안한 언어의 가교가 되기 위해 나 자신의 언어 능력을 갈고 닦는 것이 가장 중요하지만, 외적으로도 언제 어디서나 준비되어 있는 프로다운 면모를 갖춰야 한다. 순차통역을 할 때는 깔끔한 복장과 단정한 자세, 그리고 프로답게 노트-테이킹을 할 속기 노트와 필기도구, 그리고 명함첩을 챙기기를 강조한다. 동시통역과는 달리 순차통역은 의전적인 요소가 많아서 더욱 태도와 자세가 중요하다. '메시지만 통하고 의사소통만 도와주면 그만 아닌가?'라고 말한다면, 통역사의 능력은 갖췄을지 모르지만, 경험에서 우러나는 통역사의 자세는 갖춰지지 않은 것이다.

방송사 의전통역은 일반적으로 간단한 인사와 더불어 추진하고 있는 사업 구상에 대해 전하는데, 방송 기술과 장비에 관한 주제라서 어려움이 있다. 그럴 경우, 전문 용어는 그대로 영어로 표현해주었다가 나중에 실무차원의 논의가 이뤄질 때 서면으로 검증하는 방법도 있다.

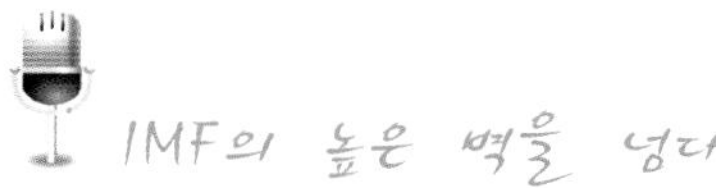

"2010년 신년 기획, IMF 총재에게 듣는다" 특집물을 기획하던 2009년 10월 말. 해외 취재 특집물을 제작하기 위해서는 우선 상대방의 촬영 협조를 받아야 하고, 방문 시간과 에스코트, 인터뷰 대상자와의 시간 약속 등의 사전 준비 작업이 필요하다. 취재 담당 기자가 IMF에 파견된 한국 공무원과 접촉해, 마침 IMF 아시아 담당 홍보관이 서울을 방문할 예정이라는 정보를 입수했다. 수행 통역 의뢰를 받고 취재 담당 기자와 회사 근처 모 호텔 커피숍에서 만났다. 이름에서 예상은 했지만 일본인 여성, Ms. Makata였다.

미국 워싱턴 소재 IMF는 보안이 철저하기로 소문이 나서 촬영 협조를 구하는 준비단계가 쉽지 않은 듯했다. 정확한 방문 일자와 시간, 그리고 인원과 신원 확인까지 사전에 통보해 확인을 얻어야 했다. 게다가 IMF 건물의 내·외부 전경화면 외에 일반 간부를 넘어서 당시 차기 프랑스 대통령 물망에 오르고 있던 도미니크 스트로스 칸 전(前) IMF 총재와 인터뷰를 추진하려는 다부진 욕심이 담긴 취재 기자의 질문과 요구가 이어졌다. 한국 방송사 중 처음으로 IMF 총재 단독 인터뷰를 따내겠다는 의지였다.

Ms. Makata는 친절하고 호의적이었으며, 최대한 협조하겠다는 의사를 밝혔다. 게다가 한국이 2010년 G20정상회담 개최국이라는 점에서 스트로스 칸 총재가 인터뷰에 응할 가능성이 크다고 넌지시 희망적인 암시도 주었다. 그리고 몇 번의 일정 변경과 방문 인원 변경 등의 조율을 거쳐 결국 YTN은 한국 방송사상 처음으로, 지금은 세상을 깜짝 놀라게 한 성추문으로 사퇴했지만, 한때 나는 새도 떨어뜨린다는 막강 권력을 휘두르던 스트로스 칸 IMF 전(前) 총재와의 단독 인터뷰를 성공시켰다. 또 한 번 뿌듯한 순간이었다.

주제 파악이 중요하다

에스코트 통역은 국제회의나 세미나 발표 등 공식석상에서 진행되는 통역이 아니므로 비교적 편안한 분위기에서 할 수 있다는 장점이 있지만, 그래도 주의할 점이 있다. 먼저 통역을 의뢰한 기자에게서 통역 대상자와 주제에 관한 정보를 얻어야 한다. 어디서 근무하는 누구이며, 직위와 오늘 미팅의 주제와 구체적인 요구사항이 무엇인지를 사전에 알아두면 좋다. 시간이 있다면 미리 배경정보를 검색해보고 숙지해놓고 미팅에 임하면 좋다.

YTN 근무시절, 위성통역실 프로그램을 한창 제작 중인데 갑자기 외국인 방문자가 왔다며 통역 요청이 들어와, 아무런 사전 정보 없이 국장실에 불려간 적이 있다. 그 자리에는 보도국장, 외국인 방문자, 국제부 부장 그리고 의외의 인물인 기술 감독도 동석해 있었다. 평소 외국 방송국 관계자의 예방인 경우에는 기술 감독이 배석하지 않는데, 그날따라 그 자리에 있는 게 아무래도 이상하더니, 역시 방송 기술에 관한 실무 논의가 진행되었다. 워낙 기계치인데다가 사전에 공부라도 하고 들어갔으면 조금 나았을 텐데 아무런 사전 정보와 지식 없이 불려간 터라 적잖이 애먹으면서 통역했던 기억이 생생하다.

그나마 외국인 방문자의 말을 듣고 통역을 하면서 방문 목적이 무엇이고, 또 기술 용어를 어떻게 사용하는지를, 그 자리에서 익히면서 전달하는 게 가능했다. 게다가 기술 감독이 동석한 덕분에 낯선 기술용어를 영어로 그대로 전달하거나 한국어로 어떻게 번역되고, 또 어떤 개념인지를 설명하면서 회의를 진행할 수 있었다. 통역 자리에서 시간을 줄이고 덜 당황하려면, 정확히 누가, 무슨 목적으로 누구를 만나러 왔는지를 미리 파악하고 준비해 놓는 게 필요하다.

드라마 속 여주인공이 아니야

철저히 목소리만 나가는 방송 통역일 때 옷차림은 상관없다. 사실 야간 긴급 호출일 때는 대충 옷만 걸치고 뛰어나오는 경우가 많아, 얼굴과 옷차림새가 말이 아닌 경우도 많다. 하지만, 출연 통역이나 사람 얼굴을 맞대고 하는 대면 통역일 때는 깔끔한 옷차림으로 임하는 게 좋다. 호감을 주고 첫인상이 좋아야 대화와 협상이 잘 풀려나가는 경우가 많다. 깔끔하고 단정한 이미지의 옷차림이 좋다. 하지만, 여배우를 연상케 하는 너무 화려한 치장과 옷차림새는 커뮤니케이션 중재자보다는 스스로가 무대의 주인공이 되겠다는 것이므로 자제하는 게 좋다.

TV 드라마에 간혹 등장하는 직업, 동시통역사. 물론 배우가 연기를 하는 것이기도 하지만, 하나같이 모두 빼어난 미모에 탁월한 패션 감각을 자랑하는 여자로 묘사된다. 하지만 실제 동시통역사는 드라마 속 여주인공이 입는 옷차림으로 국제회의나 세미나 등 의전 석상에 나서는 법이 없다. 오히려 너무 튀는 옷차림과 행동을 자제해야 한다. 대부분 무채색의 깔끔한 정장 차림을 하고 있는데, 회의와 강연에서 통역이 스포트라이트를 받아서는 안 되기 때문이다. 통역은 소통을 돕는 본연의 임무에 충실해야 한다. 밋밋한 연사보다 더 튀었다가는, 그날의 주인공이 통역이 되는, 즉 본말이 전도되는 결과를 낳을 수 있다. 일반적으로 엔터테인먼트 분야를 제외하고 통역사가 필요한 경우는 회의, 강연, 세미나, 토론회 등 매우 딱딱하고 의례적인 자리이고, 연사나 참석자 모두 정장차림이다. 여기서 통역사는 연사만큼, 아니 연사보다 더 주목받을 수 있는 자리인 만큼 오히려 자신의 색을 드러내지 않도록 노력하는 자세가 필요하다. 그게 진정한 프로 통역사의 자세이다.

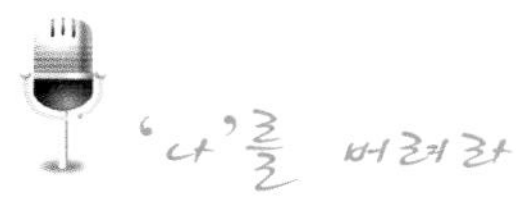

통역사는 소통의 매개체이지 주인공이 되어서는 안 된다는 원칙에 따라 튀지 않는 옷차림을 강조한 것처럼, 자신의 주관도 최대한 배제하고 메시지 전달자로서의 역할에 충실해야 한다. 공식회의석상이 아닌 비공식적인 자리에서 편안하게 이뤄지는 통역의 경우에는, 통역사가 질문 요지를 되묻거나 부연 설명을 요구하는 등의 개인적인 개입이 어느 정도 자유로운 편이다. 하지만 편안한 자리라고 해서 자의적인 해석을 하거나 개인적인 질문 등으로 분위기를 주도하려 해서는 안 된다. 최대한 객관적인 자세를 유지하면서 메시지 전달자로서의 역할에 집중해야 한다.

언젠가 한국 대표단을 동행해 태국에서 개최되는 아시아태평양 지역회의에 참가해 통역을 한 적이 있다. 기조연설 후 각국 대표단의 연설이 있은 후, 지역권으로 묶은 패널 디스커션(panel discussion) 시간이 되어 일본, 한국, 중국 대표단이 모여서 각국의 상황과 현안 등을 논의하게 됐다. 그런데 일본 측 대표단이 대놓고는 아니지만 무척 얄밉게 잘난 척을 하는 게 역력했다. 통역하는 나도 불쾌해져서 내심 한국 대표단이 멋지게 응수해 상대방의 오만을 눌러주길 바랐지만, 사람 좋은 분들로만 구성된 우리 대표단은 과하게 친절하시다. 상대는 여전히 대놓고는 아니지만, 거들먹거리는 태도와 언사를 중간 중간에 끼워 넣는다. 마음 같아서는 내가 나서서 한마디 쏘아 부쳐주고 싶었지만, 통역사인 만큼 대표단의 입이 될 수 밖에. 통역하는 내내 못마땅하고 기분이 나빴는데, 돌이켜보면 무례를 친절로 답한 한국 대표단이 훨씬 멋졌던 것 같다.

때론 뉘앙스가 중요하다

촬영 협조나 섭외 같은 구체적인 목적이 있는 순차통역을 하다보면 가끔씩 직설적이거나 고압적인 언사까지 통역해야 하는 경우가 생긴다. 나름의 협상 기술일 수도 있겠지만, 간혹 이런 말까지 통역해야 할까 할 정도의 무례한 말이 오갈 때도 있다. 1998년 한국이 IMF 구제 금융을 받던 시절, 외국인 컨설팅기업의 기업 자문을 받는 한국 기업 사이에서 통역을 한 적이 있었다. 그때 한국 기업 실무자 대표로 나온 사람 중 모 부장이 문제였다. 나이는 지긋한데 어투와 태도가 교만하기 그지없는 사람이었다. 그 사람 때문에 항상 마음이 조마조마했다. 다른 직원들도 헛소리하는 부장이 탐탁지는 않지만 아무 말 못하는 눈치였다. 그런데 한번은 소규모 원탁회의에서 그 부장이 "좋은 거 있음 서로 나눠 먹읍시다"라고 말하는데, 나까지 얼굴이 화끈거릴 정도의 무례한 발언이었다. 하지만 그 사람의 숨은 불순한 의도와 뉘앙스까지 그대로 전달했다가는 서로 얼굴만 붉히고 회의 진행에 차질이 빚어질 듯하여 "Do things that are mutually beneficial."이라고 격식을 갖춰 전달한 적이 있었다.

가감 없는 정확한 통역이 원칙이지만, 인간적인 기본 상식과 예의의 선을 넘어서는 발언은 순화해서 협상과 회의가 최대한 원만하게 진행되도록 조율할 필요가 있다. 물론 실무자보다 내막을 더 많이 아는 통역사는 드물고, 또 때론 지나치다 싶을 정도로 공격적인 어투가 밀고 당기는 협상의 전략일 수도 있다. 하지만, 인간적으로 갖춰야 할 기본 예의를 벗어난 언사는 회의의 목적과 기능에 맞게 발언 수위를 조절하는 빠른 판단력이 필요하다. 물론 법정에서 용의자의 말투와 억양을 그대로 전달해야 하는 법정 통역사의 경우는 예외이다.

무례한 발언도 문제이지만 과도하게 겸양적인 언사도 문제가 된다. 과도한 겸양은 더 큰 문제일 수도 있는 것이 한국 문화권에서 당연하기 때문에 모두가 틀렸다고 생각하지 않는다는 점이다. 한국에서는 겸양이 미덕이지만, 영어권에서는 겸양보다는 자신을 드러낼 줄 알아야 한다. 회의에 참석한 실무자가 “이 분야에 대해 잘 알지는 못하지만…”이라며 말문을 연다면 과연 그를 실무자라고 할 수 있고, 또 신뢰할 수 있겠나? 그리고 한국 사람들은 습관적으로 “아무래도 ~인 것 같습니다”라며 단정을 회피하는 어미를 주로 사용하는데, 매번 그대로 통역해서는 의뢰인이 자기 의견이 없는 사람으로 비쳐질 수 있다. 과도한 겸손은 불편과 오해를 살 뿐이니, 통역사가 한국과 영어권의 문화적 차이를 섬세하게 조정할 필요가 있다.

그리고 불편한 상황을 만들 수 있는 질문은 명료하면서 중

립적인 용어를 선정해 미팅 분위기가 모호해지지 않도록 조심한다. 되도록 친화적이면서 부드러운 미팅 분위기를 유지해 소기의 목적을 달성할 수 있도록 도움을 주는 것도 훌륭한 통역사가 갖춰야 할 덕목이다.

06

YTN '위성통역실'

HOW TO MAKE?

전방위 출동!

아이템 고르는 안목을 높여라

말을 줄여라

'~ㅂ니다.'

눈을 사로잡는 제목

시대가 변하면 제작 방식도 변화 한다

YTN
‘위성통역실’

HOW TO MAKE?

1. 아이템 선정

TV 뉴스 번역은 매체적 특성상 여러 단계를 거쳐 번역 과정이 이뤄진다. YTN와 KBS 등의 방송사 국제부에서는 CNN이 전해오는 24시간 국제뉴스 중 한국인이 관심을 가질 아이템을 선정해 번역 작업을 하고 있다. 초벌 듣기는 모니터링을 통해 번역이 필요하다고 생각되는 아이템을 선정한 후 처음부터 끝까지 들어보고 국내 시청자들이 가장 관심 있을 만한 정보성과 유익성, 오락성을 갖춘 기사를 선택하는 단계이다. 넓은 의미에서 여기서부터 오디오 비디오 텍스트의 번역 과정이 시작된다고 볼 수 있다. 광의의 의미에서 번역의 최초 단계는 ST(Source Text 원천 텍스트: 영어 기사)가 쓰여지는 순간부터이다. 다시 말해 CNN 뉴스 센터에서 기사를 작성하고 그림 화면을 편집해 위성으로 송출하는 과정부터를 번역의 시작과정으로 보면 된다. 이를 한국 방송사가 수신해 모니터 과정을 거친 후 번역 아이템을 선정하고 초벌 듣기에 들어간다.

2. 번역작업

그 다음부터 협의의, 본격적인 '번역작업'이 이뤄진다. 좁은 의미의 번역 과정이자 본격적인 번역이 이루어지는 단계로, 여기에서 오디오 비디오 텍스트를 Target Text(목표 텍스트), 즉 한국어 번역기사로 번역하는 작업이 진행된다. 원본 테이프를 방송용 모니터링 기기에 넣고 한 문장씩 재생하면서 이를 듣고 번역하는데, 초벌 번역시에는 직역에 가깝게 꼼꼼히 번역한 후 두 번, 세 번 반복하면서 정보성, 경제성, 자연스러움, 격식성 같이 한국어 기사 작성에서 중요한 요소를 고려해 수정해나간다.

3. 편집

그 다음은 편집 단계이다. 일단 번역자의 손을 거쳐 번역이 완성된 후에는 방송을 위한 번역 기사라는 점에서 최종 승인자(국제부 부장)의 승인을 받는 절차가 남아 있다. 문학 및 기타 학술서 번역에서는 교정 작업이라 불리는 단계지만, 기사 번역에서의 편집은 기사의 전체 주제와 상관없는 부분은 과감히 삭제하거나 미국식 기사체와 한국 기사 형식이 달라 생기는 표현적 차이를 자연스러움을 강조해 완전히 새롭게 다시 작성하는 수준까지 요구한다. 이런 현상은 특히 리딩(도입부)과 엔딩(결언부)에서 두드러진다. 이처럼 편집은 교정과는 달리 최종 번역물로 나오기까지 매우 비중 있는 역할을 한다는 점에서 광의의 번역 과정에 속한다고 볼 수 있다. 이렇게 담당 부장이나 선배의 수정과 교정 작업을 보도국에서는 '데스크를 본다,' '데스킹을 받는다'라고 표현한다.

4. 보이스-오버

그 다음은 CNN 비디오 위에 오디오를 입히는 단계로, 최종 승인자의 승인을 거친 번역 기사를 프린트해서 녹음실로 향한다. CNN 비디오와 오디오 화면이 재생되면, 영어 원음이 오디오 채널 2에 깔리는 상황에서 채널 1에 한국어 번역 기사를 읽어 목소리를 덧입히는 작업이다. 원문보다 번역기사가 길어지면 호흡이 가쁘고 전달력에 문제가 생기므로, TV 뉴스 번역기사는 원문보다 호흡이 길도록 최대한 간결하고 명확하게 작성하는 게 좋다.

여기서 한 가지, Ch2에 낮게 영어 원음이 나가면서 Ch1에 통역 기사 오디오를 덧입히는 과정을 보이스-오버라 한다. 보이스-오버는 우리가 흔히 알고 있는 더빙과는 다르다. 더빙은 영화에서 효과음을 제외한 영어 대사를 지우고 한국어 성우가 목소리 연기를 하는 것으로, Ch2의 원음이 들리지 않는다. 하지만 보이스-오버의 경우에는 Ch2에 영어 원음이 낮게 깔리면서 한국어 오디오가 나가므로 통역의 느낌을 살릴 수 있다.

5. 제작

보이스-오버까지의 작업이 가공되기 전의 상태라면 방송용 완제품으로 만드는 가공 작업이 필요하다. 바로 제작 단계인데, 시작 타이틀과 엔딩 타이틀을 붙이고, 화질 상태를 조절하고, 자막을 넣고, Ch1과 Ch2의 소리를 적당한 비율로 섞는 믹싱 작업을 포함한다. 방송국에는 부조라는 작업실이 있는데, 바로 이곳에서 방송용 프로그램이 가공되고 제작되고 완성된다. 비디오 파일 챙겨주시는 분과 오디오 레벨 조정해 주시는 분, 비디오 효과 넣어주시는 분 등 총 3분의 기술부원이 도와주신다. 통역사는 제작 준비를 위해 제작용 테이프와 원본 테이프를 가지고 제작을 담당하는 부조로 가서, 자막을 넣고 오디오 신호를 주면서 제작을 완료한다. 그런 후, 다시 완성본을 최종 점검한 후, 완제품을 주조에 넘겨주면 된다. 짧은 5분~10분짜리 프로그램이라도 많은 준비 시간과 여러 사람의 노고가 어우러져야 완성된다.

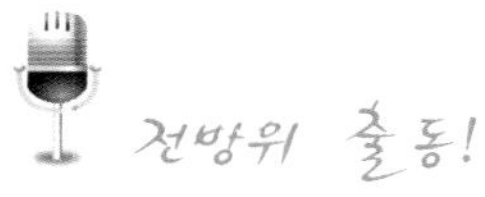

<YTN 위성통역실>이라는 뉴스통역 프로그램을 제작하려면 통번역사 외의 역할도 해야 한다. 아이템을 선정하는 안목이 있어야 하고, 매끄럽고 정확한 한국어를 구사해야 하고, 비디오와 오디오 편집 기술 등 방송 기술에 대해서도 잘 알아야 한다. 일반적으로 언어 능력이 발달한 사람들 중에 기계치가 많은데, 덕분에 방송용 번역과 억양을 익히는 것보다 편집 기술을 익히는 데 더 많은 시간을 할애하는 통역사도 있었다.

게다가 최근에는 방송용 베타 tape이 아닌 디지털 편집기로 전환되는 추세여서 변화하는 방송환경에 맞추어 재빨리 디지털 편집 기술에 적응해야 한다. 이렇듯 통역 프로그램을 만들기 위해서는 통역사가 PD, 작가, 편집자, 제작자의 일인 다역을 소화해낼 수 있어야 한다.

아이템 고르는 안목을 높여라

통역 프로그램을 만들 때 가장 신경 써야 하는 부분은 바로 아이템 선정이다. 국제부 기자나 다른 특화 프로그램의 리포트와 겹치지 않고, 통역 프로그램만의 독특한 정보와 화면을 전할 수 있는 기사를 선정하는 것이 관건인 것이다. 보통 방송사로 외신을 통해 들어오는 뉴스들은 대부분 비슷하기 때문에 어느 방송사나 비슷한 뉴스 구성을 보이기 마련이다. 그 사이에서 통역물만의 틈새를 찾아서 볼거리를 제공해야 한다. 리포트를 선정하는 안목이 생길 때까지는 계속 여러 방송사의 뉴스를 눈여겨보고 나름의 선정 기준을 마련해야 한다. 그래서 리포트를 번역하는 시간보다 매 정시에 나왔던 뉴스 아이템 중 재미있고 제일 신선한 아이템을 선정하는 데 3,4배 이상의 시간을 소요하는 경우가 많다. 그렇게 시간을 들이고 공을 들여야 좋은 아이템을 고르고, 그 아이템을 맛깔나게 번역해 통역물로 만들어내는 재창조의 기쁨을 누릴 수 있다.

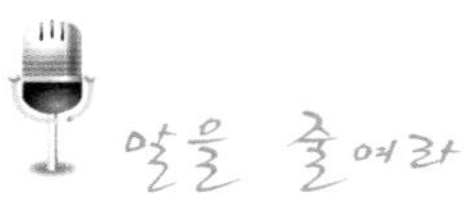

통역사는 보통사람보다 말이 빠른 경우가 많다. 차분한 언어 습관 때문에 듣기에는 빠르게 느껴지지 않아도, 단위 발화수를 세어보면 확실히 일반 사람들보다 빠른 편이다. 동시통역의 경우에는 발화 단위수가 빠르면 연사의 말을 듣고 나중에 처리할 때 시간적 압박이 덜해서 확실히 도움이 되긴 한다.

하지만 동시통역과는 달리 통역 리포트를 제작할 때는 말 많은 통역사가 되어서는 안 된다. 원문보다 말을 많이 줄여야 하기 때문이다. 말은, 특히 이미 글로 작성된 기사를 읽는 뉴스 같은 경우에는, 단위 발화수가 높기 때문에 그 안에 담긴 모든 수사어를 번역해 읽다가는 통역 뉴스를 듣는 시청자들에게 불편함만 더해줄 수 있다. 숨이 금방이라도 넘어갈 듯 읽어댄다면 전달력도 떨어지게 된다. 따라서 모든 형용사와 부사 등 원문에 들어가 있는 모든 것을 번역하기보다는 입에 딱딱 떨어지고 간결하게 메시지를 전달하는 번역을 해서, 오디오를 입힐 때 편안하게 쉬어가면서 읽을 수 있도록 해야 한다. 그 방법이라면 예를 들어, 'in Knoxville, Texas'라면 '텍사스 주 녹스빌에서'를 다 번역하는 게 아니라, '텍사스에서'라고 줄이거나, 혹은 'He plays quite a few musical instruments, for example, the flute, the guitar, and the piano.' 같은 나열이

나오는 문장에서는 원문의 속도가 빨라 호흡이 짧을 경우에 '다양한 악기를 연주한다'로, 혹은 열거된 예 중에 '플루트와 기타 등 다양한 악기를 연주한다'로 열거를 줄여서 보이스-오버 작업을 위한 호흡을 확보하는 게 좋다.

방송국에 입사한 통역사가 가장 시급하게 고쳐할 부분은 바로 오디오! 여기서 오디오란 방송용 목소리와 억양, 어조를 칭한다. 기본적으로 귀에 거슬리지 않는 목소리를 가져야 하지만, 그것보다도 아나운서 같은 낭독기술을 읽히는 게 가장 시급하다. 그러지 못하면, 자신의 목소리를 입힌 통역프로그램을 방송에 내보내지 못한다.

사람들은 내게 방송용 목소리와 실제 목소리가 다르다고 한다. 전화나 방송을 탄 목소리가 훨씬 좋다고들 하는데, 그건 일반적인 책 읽기와는 다른 방송용 읽기법이 있기 때문이다. 우선은 잘 끊어 읽는 게 중요하다. 중간 숨 고르기도 편안해야지 급하게 했다가는 귀에 거슬리는 가쁜 호흡이 방송을 타게 된다. 그리고 가장 특징적인 방송용 낭독법이라면 억양인데, 문장 중 쉬는 부분은 말꼬리 억양이 살짝 올라갔다가 문장의 마지막에서는 내려온다.

그중에서도 보도체 문장의 종결 어미 '~ㅂ니다.'의 억양과 길이, 성량을 조절하는 게 가장 중요하다. 유려한 보도를 하는 기자나 아나운서의 종결어미는 튀지 않고 부드럽게 녹아 들지만, 아직 힘이 많이 들어간 초보나 개인적인 억양이 있는 사람의 경우에는 뉴스 보도의 거의 매 문장 마지막에 들어가는 '~ㅂ니다.'가 유난히 거슬리는 경우가 많다. 너무 강하게 발음하지도 말아야 하고, 너무 흐리지도 말아야 하며, 너무 길지도 짧지도 않아야 하는데, 피나는 반복 훈련을 통해 각자의 음색에 맞는 균형점을 찾아야 한다. 오디오 훈련의 최종 관문인 '~ㅂ니다.'를 넘어서야 비로소 초보 방송 통역사의 딱지를 떼게 된다.

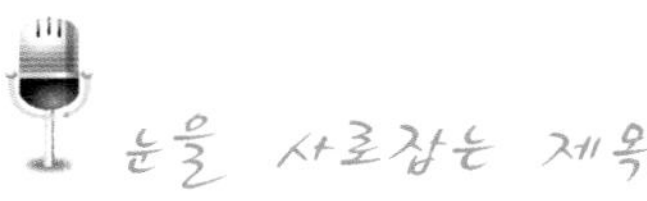

아이템 선정에서 번역까지의 모든 과정을 마쳤으면, 시청자의 눈을 사로잡는 톡톡 튀는 제목을 붙이는 게 시청률과 조회수를 높이는 데 도움이 된다. 비단 통역물뿐 아니라 신문, 방송 기사도 마찬가지이고, 책을 낼 때도 제목이 가장 큰 비중을 차지한다. 제목이 먼저 눈길을 끌어야 그 내용에도 관심을 보이기 때문이다. 일반적으로 CNN에서는 정치, 사회 문제 같은 딱딱한 뉴스, 즉 hard news에는 사실 전달 위주의 제목을 넣지만, 반면 토픽성, 재미 위주의 soft news에는 알듯 모를 듯한 제목을 붙여 궁금증과 흥미를 유발한다. 그에 비해 지금까지 한국기사와 번역기사는 soft news도 제목만으로도 내용이 뭔지를 충분히 짐작하게끔 하는 '친절한' 제목을 붙여왔다. 이제는 추세가 바뀌어 친절한 설명보다는 궁금증과 흥미를 유발하는 방향으로 바뀌고 있기는 하지만, 아직까지 문화적인 면을 반영하는 것인지 한국 기사 제목은 구체적이고 묘사적인 경우가 많다.

몇 가지 재미있는 예를 들어보면,

CNN 뉴스 제목	한국어 통역기사 제목
House-Hunting in Hong Kong	홍콩 집 값 거품 빠져
Gold Medal or Bust	도난당한 금메달
One Foot or Two?	페달이 하나뿐인 자동차
How to SPEND Christmas	크리스마스 불매 운동
The Supremo in His Labyrinth	미로 속에 갇혀 있는 최고 사령관(김정일 관련 기사)
Name that Iceland Volcano	화산 이름 때문에… 혀 꼬이는 앵커들
Oscar, Time for Actors of Color?	오스카상, 흑인 배우 시대 올까?

위의 예처럼 CNN 통역기사의 제목이 그 자체만으로는 알 수 없는 암시적인 반면, 한국어로 번역된 통역기사의 제목은 매우 구체적이고 앞으로 나올 뉴스의 요약에 가까움을 알 수 있다. 하지만 묘사적이라도 궁금증을 유발할 만한 단어나 정보를 첨가한다면 시청자의 눈과 귀를 먼저 사로잡을 것이다.

방송기술도 빠르게 변하고 있다. 아날로그에서 디지털로의 혁신적인 변화가 일어나고 있는데, 그 도입 속도가 더딘 것은 비용 문제와 방송을 하면서 순차적으로 바꿔야 하는 기술적인 문제가 따르기 때문이다. 그래도 디지털은 거부할 수 없는 대세이고, YTN도 2009년부터 대대적인 편집기 교체와 교육이 있었다. 지금까지는 일본에서 만들어진 편집기에서 방송용 BETA 테이프로 비디오와 오디오 편집을 했지만 이제는 Edius라는 신형 디지털 편집기기가 도입됐다. 평면 모니터 화면에 테이프가 아닌 파일로, 녹화, 편집, 전송이 가능하다. 아직은 과도기 단계라 불편한 점이 있지만, 30분짜리 BETA 테이프 한 개 가격이 만 원~3만 원 사이라는 것을 고려할 때는 엄청난 비용이 절약될뿐더러, 테이프를 보관할 물리적인 장소가 필요 없어 사무공간을 활용할 수 있고, 보관과 전달이 용이하다는 점이 큰 장점으로 꼽힌다.

테이프를 사용하던 아날로그 방식의 편집과는 달리 파일 형식으로 전송되는 디지털 편집 방식은 리니어(Linear), 즉 선형(線形) 편집으로 불린다. 가장 큰 차이점은 기존 방송 테이프에서는 편집을 할 때, 그 위에 다시 비디오와 오디오를 덧입히는, 이른바 overwrite식이지만, 디지털 편집일 때는 덧입히는 게 아니라 틀린 부분도 쭉 이어붙인 후, 나중에 틀린 부분만 잘라내서 붙이는 직선적인 편집이라는 점이다.

07

계약서 텍스트 번역

전문용어를 익혀라
의역보다 직역
숫자에 주의하라

계약서 텍스트 번역

전문 용어를 익혀라

방송국 통역실에서 하는 일은 동시통역, 순차통역, 위성통역실과 통역실 리포트 제작 외에 순수 번역일도 있다. 먼저, APTN, CNN, 로이터 등 해외 통신사와 언론사와의 계약서를 번역해달라는 의뢰를 받는데, 비디오 사용권한과 비용에 관한 특정 조항이 애매모호할 때 정확한 번역을 해서 보고서를 작성해야 하기 때문이다. 계약서 번역은 까다롭고 전문용어가 많은데다가 만연체여서 번역하기가 까다로운 편이다.

계약조항은 계약당사자 간의 비밀유지가 필요하므로, 일반적인 계약문서를 번역한 예를 들어보겠다.

예문 1)

(b) 라이선스 화면

Licensee(라이선스를 받는 자: 이하 B라 칭함)는 Lincensor(라이선스를 가진 자: 이하 A라 칭함) 혹은 A의 자매회사가, B가 소유하거나 관장하는 뉴스와 정보나 화면을, A 혹은 A의 자매회사 그리고 그 자매회사의 licensees가 이용하는 매체를 통해 영구적으로, 전 세계적으로 사용하기를 원할 경우, A에 비용을 청구하지 않고, 제공해야 한다. A는, 필요한 경우, 상기 합의 사항에 따라 B가 제공하는 자료를 전달할 때 B에게 실제 발생한 선적 및 배달 비용을 제공한다. A는, 적절한 경우, 화면 크레디트로 B가 출처임을 밝힐 것이다.

예문 2)

This Agreement is contingent upon Buyer's inspection and reasonable approval of the building. Buyer will provide within forty-five(45) days from the Effective Date its written approval of the condition of the building in the form attached hereto as Exhibit B. In the event of Buyer's failure to approve pursuant to this Section 5, Buyer will be deemed to have approved the condition of the building and waived this contingency.

이 계약은 그 건물에 대한 구매자의 검사와 적절한 승인을 조건으로 한다[주: 즉 이 계약은 확정된 계약이 아니라는 것이다]. 구매자는 효력 발생일로부터 45일 이내에 본 계약서에 별지로서 첨부된 양식으로 그 건물의 상태에 대한 서면승인서를 제출하여야 한다. 구매자가 이 Section 5에 의거하여 승인을 하지 않는 경우에 구매자는 그 건물의 상태를 승인하고 이 조건부 권리를 포기한 것으로 간주된다.

계약서 같은 경우에는 법률 및 경제 전문용어가 많아서 번역이 쉽지 않다. 최대한 문서와 인터넷 검색을 통해서 정확한 용어를 찾아서 번역해야 한다. 만일 급하게 전해야 하는 문서라서 정확한 용어를 찾을 시간적 여유가 없거나, 검색을 해도 정확한 대응어를 찾지 못한 경우에는 원문을 그대로 쓰고 설명을 더해주는 번역을 차선책으로 선택한다. 예) licensor(라이선스를 가진 자: 이하 A로 칭함), licensee(라이선스를 받는 자: 이하 B로 칭함)

계약서는 체결 당사자 간의 의무와 권리 등을 명시하는 문서이므로, 문학 번역에서 허용되는 선의 자율성이 번역가에게 주어지지 않는다. 자의적인 해석과 의역은 오해와 분쟁의 소지를 남겨주므로, 조금 어색한 한국어가 되더라도 직역을 해야 추후 문제가 발생했을 때 시시비비를 가리는 데 번역으로 꼬투리를 잡히는 일이 없다.

최근에 외교통상부 통상교섭본부가 국회에 제출했던 한-EU FTA 비준동의안을 번역오류를 이유로 철회하고 수정본을 다시 국회에 제출하면서 빈축을 산 적이 있다. 뿐만 아니라 수정본에서 또다시 추가 번역 오류 160여 건이 발견되어 망신을 샀다. 일례로, 협정문 한국어본 부속서 '자동차 및 부품 작업반' 제1항에서 '조치'라는 낱말이 영어본에는 "any measure"라고 되어 있어 어떤 조치건 다 통보해야 한다는 뜻인데, 이것을 '조치를 통보한다' 정도로 번역해 의미가 달라졌다는 지적이다. 게다가 외교부는 "문학 작품도 직역과 의역을 염두에 두지 않느냐?"라고 안이하게 항변했다가 더 큰 비난을 사고 말았다. 협정문은 문학 작품이 아니기 때문이다. 그만큼 법적 구속력을 갖는 계약서와 협정문 같은 문서는 읽기 편한 글이 아니라 의미가 분명한 글로 작성하고 번역해야 한다는 걸 의미한다.

1546년, 프랑스 파리에서는 당대 최고의 번역가로 불리던 에티엔 돌레(Etienne Dolet)가 화형 당하는 사건이 있었다. 많은 저술과 번역을 했지만, 단 몇 줄의 신학적 오역 논란으로 인해, 그리고 그의 능력을 질시하는 이들의 음모로 인해 한 줌의 재가 됐다고 전해지는데, 오늘날 오역 때문에 목숨을 잃는 사람은 없지만 계약서에서 발생하는 오역은 계약 당사자, 회사, 국가에 엄청난 손실과 파장을 몰고 올 수 있다. 따라서 자만하지 말고 아는 단어라도 다른 의미로 쓰인 것은 아닌지 의심해보고 검색하고 확인하는 자세가 필요하다.

숫자에 주의하라

통역이나 다른 번역에서도 마찬가지지만, 특히 계약서 번역에서는 숫자가 나오면 긴장하고 두 번, 세 번 다시 챙겨봐야 한다. 0 하나가 누락되거나 소수점 하나만 밀리는 경우에도, 엄청난 결과를 초래할 수 있다. 예를 들어 'OO금액이 총 3,661억 원으로 2008년 2,546억 원에 비해 대폭 증가했다'라는 문장을 영어로 옮길 때, 3,661억 원은 366.1 billion won이고 2,546억 원은 254.6 billion won이다. 한국의 숫자 단위가 만 단위로 끊기는 것에 비해 영어는 천 단위로 끊기므로, 항상 단위와 소수점에 주의를 기울여야 한다. 그리고 여기서 절대 하면 안 되는 실수 또 한 가지! 숫자에 너무 집중한 나머지 화폐 단위를 무심결에 dollar로 써버리는 수가 있다는 점이다. 이런 경우 번역 후 나중에 재검토할 때도 366.1과 254.6 같은 숫자만 보느라 단위는 간과하기가 쉬우니 조심해야 한다. 어처구니없어 보이지만 생각보다 잦은 실수니 항상 돌다리도 두드려보고 건너는 심정으로 숫자는 보고 또 봐야 한다.

최근 한국 외교통상부가 한-EU FTA 협정문의 잘못된 수치 번역으로 호된 뭇매를 맞고 있다는 것이 대표적인 예이다. 협정문 영문본에는 완구와 왁스류의 경우 외국산 재료가 50% 이하면 한국 제품으로 인정받아 관세 혜택을 받을 수 있게 되어 있다. 하지만 정부가 제출한 한글 번역본에는 완구류는 40%, 왁스류는 20% 이하일 경우 관세혜택을 받는다고 잘못 표기되어 있는 것이 발견됐다. 한글본 협정문대로 시행한다면 값싼 외국 소재를 사용할 수 있는 비율이 대폭 줄어, 우리 기업들이 손해를 볼 수 있어 엄청난 국가적 손실을 가져올 수 있다는 지적이다. 계약서에서 숫자 번역에 특히 주의하지 않으면 어떤 일이 벌어지고, 어떤 결과를 초래할 수 있는지, 이번 한–EU FTA 번역 오류 사건이 잘 보여주고 있다. 이번 일은 전문 번역을 준비하는 사람들에게 숫자 번역의 중요성을 보여주는 대표적인 사례로 두고두고 언급될 듯하다.

08

홍보물과 캐치프레이즈 번역

가장 까다로운 직함 번역

YTN의 새 얼굴 '신입사원 · 경력사원'

가짜 친구의 함정

홍보물과 캐치프레이즈 번역

인하우스 통역사로 일하다 보면 논문 초록 번역이나 유학 에세이 번역 등 개인적인 부탁을 받기도 하고, 홍보실에서 발간되는 사보의 캐치프레이즈 번역을 부탁받기도 한다. 그런데 사실 학술 논문이나 유학 에세이보다 짧은 몇 마디에 느낌이 확 살아나는 캐치프레이즈를 번역하는 일은 몇 배나 고역스럽고 힘이 든다. 때론 정확한 등가어(같은 의미와 뉘앙스를 가진 번역어)를 찾기가 불가능한 경우도 있다. 짧은 몇 마디로 하루 종일 고민한 적도 다반사다.

가장 까다로운 직함 번역

먼저 명함의 직함이다. 우리나라는 사회 언어 관습상 사회에서 일 때문에 만난 사람들을 이름보다는 직함으로 칭한다. '김 대리,' '이 부장,' '강 국장,' '유 사장,' '홍 사무관,' '신 서기관,' '송 행정관' 등으로 불리지 개인적으로 가까운 경우가 아니면 이름으로 불리는 경우는 드물다. 이름이 기억나지 않을 때 무조건 직함만 불러도 된다는 편한 점도 있지만, 문제는 직위가 계속 변한다는 것이다. 승진하는 경우라면 직위를 고쳐 부르기가 편하지만, 혹시라도 이러저러한 사정으로 갑자기 회사를 그만두게 된 사람이나 명예퇴직을 한 사람에게 '부장님,' '국장님,' '실장님' 하다가 갑자기 '~씨'라고 부르는 게 큰 결례처럼 느껴지는 문화인 것이다. 그러다 보니 직함에 매우 민감할 수밖에 없다.

그러나 '팀장,' '국장'을 무조건 team leader나 bureau chief라고 번역해서는 안 된다. 나라마다, 회사마다 사용하는 직제와 직함이 다르기 때문이다. 다행히 이전에 주고받은 이메일이나 명함에 정확한 직함이 나와 있으면 그걸 참고하거나, 타 방송국의 홈페이지에 조직도가 나와 있는지 검색해보는 것도 방법이다. 그래도 가장 안전한 방법은 '나카무라 국장'이나 '알렌 긴즈버그 홍보실장'이라고 했을 때, 'Mr. Nakamura'

'Mr. Allen Ginsberg'같이 직함이 아닌 이름을 쓰는 것이다.

하지만 직함을 피해갈 수 없는 경우도 있다. 일본 TBS 방송국의 보도국장 영전을 축하하는 메시지를 영역해달라는 부탁을 받았을 때다. '보도국장'은 YTN에서 'Bureau Chief of News Division'이라고 쓰지만, TBS와 CNN에서 쓰는 직함이 다르기 때문에 문자 그대로 썼다가는 전혀 축전이 아니라, 결례를 범하는 사태가 발생할 수도 있다. 상대쪽 직제에서 'bureau chief'가 오히려 직급이 낮은 명칭일 가능성도 있기 때문이다. 그러므로 번거롭더라도 해당 방송국의 홍보팀에 직접 문의해 정확한 직함을 확인하고 번역하는 것이 옳다.

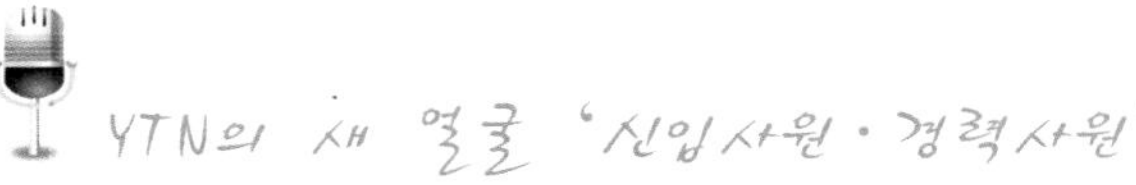

사보를 만들 때, 신입사원과 경력사원의 가운데에 배너를 만들고 새겨 넣은 'YTN의 새 얼굴, 신입사원 · 경력사원' 부분을 영어로 넣고 싶다고 표현이 맞는지 봐 달라고 홍보실에서 부탁이 왔다. 홍보실 직원이 내민 초안에 'YTN's New Face, New Employment & Experienced Staff'라고 쓰여 있다. 문법도 틀린데다 뉘앙스까지 달라 수정이 필요했는데, 문자를 새겨 넣을 공간에 제한이 있어 설명조로 늘여 써서는 안 된다는 제약이 붙는다. 고민 끝에 'YTN's New Faces – First Timers & The Experienced'라고 수정한 바가 있다.

표제어나 홍보 문구, 제목 같은 번역은 짧지만 여간 신경이 쓰이는 작업이 아니다. 길이와 뉘앙스, 그리고 최선의 표현을 찾기 위해 많은 시간과 수고가 필요하고, 시간을 들여 생각하고 고민한 만큼 결과도 좋기 마련이다. 1995년 개국 후에 한 아이디어 번뜩이는 기자가 YTN 로고로 '살아있는 방송, 깨어 있는 방송'을 제안했다. 이를 영어 소개 책자에 싣는다고 영작을 부탁했다. 한참을 고민하다 'Alive & Awake News'라 해 놓고 왠지 찜찜한 느낌이었다. 이렇게 써도 될까? 과연 이런 비유가 외국에서도 호소력을 가질까? 확신이 없었다. 참고로 당시는 인터넷 자료가 지금처럼 방대하지 않았을 때다. 아무튼 그렇게 번역해주고 까마득히 잊고 있다가 문득 생각이 나서 인터넷을 검색하니 사용례가 있어서 다행이라며 가슴을 쓸어내리기도 했다.

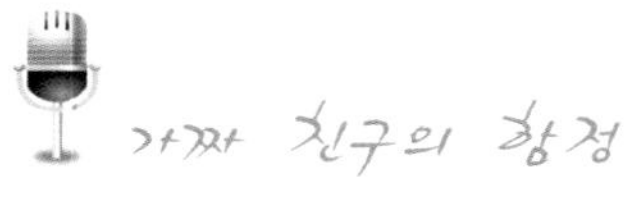

번역할 때 가장 빠지기 쉬운 함정은, 한국어와 영어의 1대 1 대응이 그럴듯해 보여서 맞는 걸로 간과되는 경우이다. 누가 봐도 명백하게 이상하거나 고개를 갸웃할 번역이라면 수정의 여지가 있지만, 그냥 그럴 법도 같고 그런 것도 같아서 무심결에 지나치게 되는 일종의 '가짜 짝'이 있다. 가짜 짝이란 언어학에서 사용하는 용어로 영어로는 false friend, 불어로는 faux amis로 알려져 있다. 서로 같은 어원을 공유하였으나, 의미의 분화가 일어나 다른 뜻을 지니게 된 경우와, 순전히 우연에 의해 발음이나 철자가 같게 된 경우로 구분된다. 특히 서로 비슷한 언어 사이에는 많은 거짓 짝이 있어 언어습득이나 의사소통에 혼란을 가져다주기도 한다. 예를 들어 '팔방미인'은 한국에서는 모든 면에서 뛰어난 사람을 일컫는 좋은 뜻을 가지지만, 중국어로는 '아무 일에나 손을 뻗치는 사람'이라는 부정적인 의미를 지닌다. 또 다른 예로, '애인'은 한국에서 '여자 친구'나 '연인'을 일컫지만, 일본에서는 '불륜,' '내연의 관계'를, 중국에서는 '부인,' '배우자'를 의미한다.

이렇게 그대로 옮겼다가는 의미나 뉘앙스가 크게 달라지는 거짓 짝이 번역 오류와 혼란을 초래하는데, YTN 노사 갈등이 한창일 때 자주 사용되던 '공정 방송'과 '표적 수사'라는 용어의 번역에서도 비슷한 예를 찾아볼 수 있다. '공정 방송'을 'fair broadcasting'으로 '표적 수사'를 'targeted investigation'이라고 옮겨 놓으면 본래 의도했던 것과는 다른 의미를 가진 번역이 된다. 물론 '공정 방송'을 'fair broadcasting'으로 쓸 수 있지만, 작금의 방송행태를 비난하려는 의도를 가졌을 때는 'impartial,' 'unbiased,' 'disinterested' broadcasting이라는 표현을 써주어야 지금의 그른 것을 바로잡는다는 의미가 포함된다. 그리고 '표적수사' 역시 'targeted investigation'보다는 구체적인 뉘앙스를 살려서 'politically motivated investigation'이라고 번역을 하면 훨씬 의미가 분명해진다. 인간뿐 아니라 언어에서도 좋은 짝을 잘 가려내는 게 무척 중요하다. 가짜 친구를 만나면 철석같이 믿었다가 뒤통수를 얻어맞기 십상인 것도 인간사와 비슷하다.

09

귀로 듣고 글로 쓰는 번역

질문이 뭐예요?
발음이 너무해!
아는 만큼 번역이 쉬워진다
호나우딩요, 호나우지뉴, 호날두 그리고 위송빠르끄?
스포츠는 전투다?!

귀로 듣고 글로 쓰는 번역

일반적으로 통역과 번역 차이는 언어를 전달하는 방식으로 분류되는데, 통역은 말에서 말로, 번역은 문자에서 문자로 이뤄지는 이언어(異言語) 간 소통을 의미한다. 하지만 지금은 바야흐로 멀티미디어의 시대다. 더 이상 구전이나 문자로 소통의 방법이 제한된 시대가 아닌 것이다. 1990대 중반부터 영상 매체의 종류와 수요가 증가하면서 외국에서 수입되는 프로그램도 크게 늘었다. 게다가 영화 시장의 개방으로 수많은 외국 영화가 쏟아지고 영화 전문지가 수십여 종이 넘을 정도이며, 인터넷의 급속한 발전으로 책보다는 귀로 듣는 오디오북과 이북(e-book)이 등장해 바쁜 현대인과 시청각 자극에 민감한 어린아이들 사이에서 큰 각광을 받고 있다.

세계는 바야흐로 다매체 시대(Multi-media Age)에 진입해 있고, 이에 따른 번역의 시장 요구 변화에 맞춰 번역 형태도 변해가고 있다. 이런 시장 수요에 맞춰 번역 형태뿐 아니라 외국어 교육 환경까지도 시대에 맞게 변하고 있다. 즉, 과거의 읽고 쓰는 평면적 차원의 언어 연구에서 멀티미디어, 즉 방송이나 영화 등의 영상매체, CD-ROM, 오디오북처럼 보고 듣고 말하는 쪽으로 변화하고 있다. 주로 문자를 정보 전달의 매체로 삼던 과거와 달리 오디오와 비디오를 동반한 정보가 TV와 인터넷 보급을 타고 폭발적으로 늘고 있으며, 수용자들의 호응을 받고 있는 상황이다.

따라서 번역물 역시 문학 서적이나 에세이 같은 인쇄물 못지않게 영상물 번역 수요가 크게 증가하는 추세이며 통번역학의 흐름도 서서히 그 대세에 부응하고 있다.

방송국에서는 매년 수차례 특집취재를 기획하고 제작한다. YTN의 예를 들면 '한국전쟁을 말한다,' '인도, 12억 거대 시장이 열린다,' '국가 브랜드가 경쟁력이다' 등의 수없이 많은 특별기획물이 제작되었다. 매일 제작되고 업데이트되는 사건사고 뉴스와는 달리, 기획단계에서 해외 취재를 하고 돌아와 원고 작성과 성우 및 음악 녹음, 편집 과정을 거쳐 방송으로 나가기까지 수개월의 시간과 노력이 들어간다.

해외에서 취재를 마치고 돌아오면 다음 작업이 바로 방송원고를 작성해야 하는데, 해외에서 따온 인터뷰를 번역하는 작업이 선행되어야 한다. 관련 시설이나 장소를 방문해 인터뷰한 전문가, 관계자, 현지 주민들의 말을 번역하는 것인데, 영어권뿐 아니라 비영어권에서 만난 사람이라도 영어로 인터뷰를 따오는 경우가 많다. 그래서 촬영 원본 테이프에서 인터뷰 부분만 따서 통역사에게 번역을 의뢰한다.

여기서 중요한 것은 중간 중간 인터뷰 촬영 부분만 딴 것이라서 무턱대고 60~200분 가까이 되는 테이프를 받았다가는 낭패라는 점이다. 가장 먼저 특집의 주제를 알아야 하고, 무슨 목적으로 어디서 무슨 테마를 잡고서 취재했는지, 어디를 그리고 누구를 방문했는지 구체적인 정보를 받아야 한다. 촬영 원본을 그대로 복사한 것이라 기자나 동행한 현지 코디네이터의 통역으로 이뤄진 질문은 편집으로 잘려나가고, 아무것도 모르는 정체불명의 사람이 나와서 밑도 끝도 없는 얘기를 해대기 때문이다.

번역 의뢰자에게 순서대로 어디 소속의 누구이고 질문이 무엇이었는지를 먼저 문서로 달라고 요청한다. 하지만, 문제는 하도 많은 사람들과 인터뷰를 하고 자료가 방대한 탓에, 소속과 이름 정보까지는 제공받아도 정확한 질문이 무엇이었는지에 대한 자료를 받기 힘든 경우가 많다는 점이다. 그럴 때는 특집의 테마와 인터뷰 대상자의 소속과 지위를 감안하고, 인터뷰 내용을 번역하면서 이런 질문이었겠구나 하며 나중에 유추하게 되는 경우가 많다.

[예]
3. 스위스 지적재산관리기구 담당(와이셔츠 차림, 기자와 서 있는)
21'29 [흰 와이셔츠의 남자]
(질문) 그런 경우(case)를 발견하면 무슨 조치를 취하시나요?

21'38 대사관에 통보하면, 대사관이 해당 국가의 상표청(trademark office)에 확인하고 상표를 삭제하도록 합니다. (…)

5. 시계수리공(하얀 가운 입은 남자)
24'46 [흰 가운의 남자]
(질문) 시계 수선에 얼마나 걸리십니까?

고장 정도에 따라 다르지만 평균적으로 20~30시간 정도 걸립니다.

6. 스위스 관광청 국장(검은 양복 보라색 넥타이)
26'10 [양복 입은 남자]
스위스 관광업은 그리 나쁜 편이 아닙니다. 물론 경제 상황이 나빠져 영국과 미국 등지에서 오는 관광자가 줄었기는 하지만, 중국, 러시아 관광자가 크게 늘었고, 일본 관광객들도 다시 늘고 있습니다. (…)

위의 예문에서처럼 번역 의뢰자가 화면만으로 인터뷰 대상자를 찾아야 하기 때문에 특징적인 생김새나 옷차림으로 부연 설명해주고 중간 중간에 적힌 '26'10'같이 나중에 방송에 포함할 인터뷰 부분을 편집할 때 테이프에서 찾기 용이하도록 타임코드를 적어둔다. 타임코드는 영상 및 오디오의 위치정보(positional information)를 비디오테이프상에 명확하게 나타나기 위해 개발된 것으로, 일반적으로 분: 초: 프레임으로 표시된다. 26'10은 26분 10초경에 해당 인터뷰가 있다는 것을 표시하는 것이다.

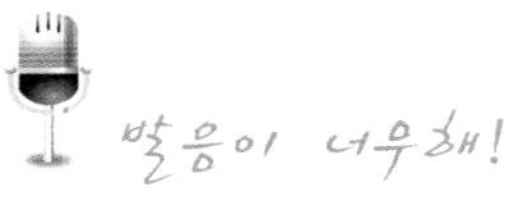

해외특집 촬영분에 들어있는 인터뷰 대상자를 보면 영어권 사람뿐 아니라 비영어권 사람도 많다. 영어권 사람이라고 해도 귀에 익숙한 표준 발음이 아닌 지방색 짙은 사투리에, 개인적인 언어 습관까지 들어간 다양한 발음을 접하게 된다. 그럴 때마다 몇 번을 되풀이 들어야 하고, 발음에 의존해 모든 가능한 스펠링 조합을 만들어 검색을 해보아야 한다. 그러다가 정답을 찾게 된다면 운이 좋은 편이지만, 그래도 영 무슨 단어, 말인지를 찾지 못하면 그 부분을 의역하고, 밑줄과 함께 '???'라는 표시를 해두어, 촬영 기자들이 현장에서 혹시 우연히 알게 됐거나, 자주 접했던 표현인지를 이중 확인한다.

그래도 몇 단어, 용어 정도만 알아듣기 어렵다면 그나마 나은 편이다. 어떤 경우에는, 예를 들어 북아일랜드나 파키스탄, 인도인들의 인터뷰는 정말 도통 무슨 말인지 못 알아듣는 경우가 종종 있다. 발음은 마음대로에 속도는 얼마나 빠른지…. 한숨이 절로 나올 정도로 난감할 때가 많다. 온 촉각을 귀에 집중시키고 들어보지만, 이런 경우에는 귀보다는 상황이나 문맥에 의존해 파악하는 쪽이 낫다. 모두가 친절하게 정확하고 또 부러지는 표준 발음을 해 주면 고맙겠지만, 현실은 안타깝게도 그렇지 않다. 그래서 통번역일이 쉽지 않고, 또 그래서 더 매력적인지도 모르겠다.

방송국 통역사는 보통 국제부 소속이지만, 국제부 외의 부서에서 도움 요청을 받고는 한다. 그 중에서도 경제부와 스포츠부, 문화부 기자들이 가장 많이 찾는데, 경제부의 경우에는 한국에서 개최되는 각종 경제 세미나와 포럼에 참가했다가 참가자나 전문가 인터뷰를 따온 것을 듣고 번역해줄 것을 부탁한다. 스포츠부에서도 해외 스포츠 뉴스를 다룰 때 외신으로 들어온 감독이나 선수 인터뷰를 부탁해 오고, 문화부 기자들 역시 한국에서 전시회를 갖는 외국 예술 문화계 인사를 인터뷰한 촬영 테이프를 들고 와 번역을 부탁하는 경우가 종종 있다. 그럴 때는 언제 어디서 어떤 문맥에서 누구를 촬영한 것인지를 알아보는 게 중요하다.

번역과 통역을 할 때 가장 큰 자산은 바로 통번역가 자신이다. 자신이 가지고 있는 지식 자산이 많을수록 정보 처리 시간과 검색 시간을 크게 줄일 수 있어 효율적이다. 의료, 경제 및 법정 통번역과 같은 특정 전문 분야에만 치중할 수 없는 방송통역사, 그리고 회의통역사는 전(全)방위적인 주제를 다룰 수 있어야 한다. 모든 주제에 남보다 많은, 때로는 전문가에 가까운 지식을 가지고 있을수록 일하기가 훨씬 수월하다.

마찬가지로 경제부, 스포츠부, 문화부에서 인서트 의뢰가

올 때 각 분야와 주제에 대해 어느 정도 배경 지식을 가지고 듣고 이해하는 것과 번역하는 것은 전문 용어나 배경에 대한 아무 지식도 없이 단어만 전달하는 번역과는 질적으로, 시간적으로 차이가 나기 마련이다.

그렇기 때문에 환율 변동과 수출과의 상관관계, BIS 비율(자기자본비율)이나 DTI(총부채상환비율) 등이 무엇인지, 골프와 축구, 크리켓 대회와 경기의 룰이 어떤지, 인상주의와 후기 인상주의는 어떻게 다른지 등의 배경 지식을 가지고 있다면, 문맥을 파악하고 정보 구조를 이해하는 데 들어가는 통번역가의 정보처리 시간이 크게 줄어든다. 머리가 나쁘면 손발이 고생한다는 말처럼, 배경지식이 상대적으로 적은 통번역가는 남보다 더 많이 검색하고 더 많이 생각하고 더 많이 뛰어야 한다.

호나우딩요, 호나우지뉴, 호날두 그리고 위송빠르끄?

스포츠 시합이나 뉴스를 머리를 쥐어뜯으며 보는 사람은 없을 것이다. 그만큼 편안하게 볼 수 있으며 처리해야 할 정보도 많지 않다는 걸 의미하지만, 스포츠 뉴스를 번역할 때는 여간 고역스러운 게 아니다. 특히나 축구는 전 세계적인 스포츠이기 때문에 다국적 선수들의 이름을 번역하는 것부터 쉽지 않다. 들리는 발음 따로 철자 따로, 표기 따로이기 때문이다.

대표적인 예로, 'Honaldingho'라는 축구 선수는 한때 철자대로 '호나우딩요'로 불리다가 지금은 '호나우지뉴'로 표기되고 있다. 각자의 출신 국적에 맞게 본토식 발음으로 읽어야 한다는 주장이 설득력을 얻고 있기 때문이다. 포르투갈 국적의 선수는 포르투갈 발음으로 영국 국적 선수들은 영국식 발음으로 읽어, 발음만 듣고서는 내로라하는 선수인데도 전혀 딴 사람으로 알아듣는 실수를 저지르기 십상이다.

사실 '호나우디뉴'의 본명은 'Ronaldo'이지만 브라질의 'Ronaldo 호나우두'와 구분하기 위해 애칭을 쓰는 것이고, 포르투갈 대표팀 주장 'Cristiano Ronaldo' 역시 'Ronaldo'이지만 브라질의 '호나우두'와 구별하기 위해 '크리스티아누 호날두'라고 부른다. 벌써부터 헷갈리지 않는가?!

그밖에 스위스 출신의 'Stephane Henchoz' 선수는 '스테판 앙쇼,' 스웨덴 출신의 'Kim Källström' 선수는 '심 셸스트룀'으로 쓰인다. 참, 네덜란드 사람들은 '박지성' 선수를 그쪽 발음에 맞춰 '위송빠르끄'라고 읽는다니, 그대로 번역했다가는 유령 축구천재를 탄생시키는 수가 있으니 조심해야 한다.

스포츠는 전투다?!

스포츠 기사를 번역할 때는 일반 뉴스를 번역할 때와는 차이를 둬야 한다. 한국어 뉴스 기사를 비교해보면 분명해진다. 일반 경제, 정치, 사회 뉴스 문체와 스포츠 문체는 확실히 다르다. 일반 뉴스의 문체가 격식이 높고 딱딱하고 정형화되어 있다면, 스포츠 뉴스는 비유적이고 전투적이다. 승패를 가르는 시합이라 전투 용어가 많이 사용되는 특징이 있다. 대표적으로 '출전,' '침투패스,' '무너지다,' '무릎 꿇다,' '패하다,' '완승을 거두다,' '중위권 싸움이 치열하다,' '상대를 제압하다' 등등의 표현이 있다.

그 밖에 스포츠 뉴스에 자주 쓰이는 상투적 표현이 있는데, 번역 시 적절하게 사용해주면 밋밋한 사실의 전달보다는 훨씬 감칠맛 나는 번역이 된다. 예를 들어 'to win a gold medal'이라는 표현을 '금메달을 따기 위한 노력'보다는 '금빛 도전을 펼치다'라고 번역하는 것이다. 한국 태권도의 '금빛 발차기'도 비슷한 번역의 예라 할 수 있겠다. 그 밖에 'score a goal'이라는 표현도 '골을 넣었다'보다는 '골대를 가르다,' '골네트를 가르다,' '골문으로 빨려 들어가다,' '골문으로 밀어넣다,' '선취골, 추가골, 결승골을 넣다' 등으로 다양하게 번역할 수 있다. 그러면 한국 스포츠 기사에 버금가는 생동감을 줄 수 있다. 공격과 수비, 승자와 패자가 갈리는 스포츠라는 전장의 생생한 느낌을 전달하기 위해서는 번역도 때론 전투성을 띠어야 한다.

10

남들은 모르는 TV 뒷이야기

남들은 모르는 TV 뒷이야기

당근과 채찍

방송에 나가는 제작물은 생방송이 아닌 이상, 대부분 가장 잘 준비되고 최상의 것이다. 담당 PD가 기자혼과 예술혼을 불어넣어 여러 번 다듬고 깎아내고 확인한 결과물이기 때문이다. 여간해서는 실수가 없는 완벽한 모습으로 전파를 타지만, 2분 남짓 혹은 20분짜리 프로그램이 나가기 위해서는 하루 종일 혹은 한 달을 넘게 준비하고, 수십 명이 동원되고, 수많은 편집 과정을 거쳐야 한다. 시간과 땀과 노력의 결과물인 것이다.

한 권의 책이 나오고, 하나의 예술 작품이 탄생하는 것과 마찬가지로, 결과물은 한 손에 쥐어지고 한눈에 볼 수 있지만, 그 뒤에 숨겨진 기획과 과정, 시행착오는 오롯이 창작자의 몫이다. 하지만 그런 보이지 않는 과정이 쌓여서 노하우가 축적되고 경륜이 되는 게 아닐까.

방송의 가장 큰 매력은 자신이 만든 작품을 수많은 사람에게 알리고 전달한다는 것이다. 1995년 방송사에 입사하고 나는 소위 '여대생 말투'를 벗어나기 위해 피를 토하는 읽기 연습을 했다. 몸에 배인 말투를 벗어던지지 못하면 방송을 할 수 없는, 일종의 인턴십 탈락이 되는 거니까. 정말 개국까지 한두 달간 시사 잡지를 표지에서 마지막 장까지 통째로 읽고 아나운서와 기자의 어투를 녹음해 따라 해보는 일을 반복한 결과, 다행히 1995년 3월 내 목소리를 첫 방송을 내보낼 수 있었다.

내가 번역한 기사가 내 목소리로 전파를 타던 날, 집에서는 녹화를 하고 주변에서는 응원의 전화가 온다. 짜릿한 데뷔의 순간이다. 하지만 항상 격려와 칭찬만 있는 건 아니다. 방송의 특성상 불특정 다수의 시청자를 대상으로 하기 때문에 심심치 않게 시청자 문의와 충고를 듣게 된다. 대부분은 보도된 내용에 흥미를 보이시며 정확한 정보를 어디서 얻을 수 있는지를 문의해오는 전화이지만, 간간이 특정 종교를 비하하는 오해의 소지가 있다며 항의성 전화를 하시는 성직자 분, 달러와 파운드, 마일 단위를 한국식으로 바꿔야 제대로 번역하는 거 아니냐는 따끔한 지적을 하시는 분, 어떤 단어를 이렇게 번역했어야지 오역이라고 주장하시는 분들도 계시다.

처음에 시청자 전화를 받았을 때는 우선 비전문가의 지적에 불쾌함부터 올라오지만, 일리 있는 지적도 있고 다음에 번역 기사를 선정하고 번역할 때 한번 생각해보는 계기가 된 것 같다. 그래도 무엇보다 고래를 춤추게 하는 건 칭찬! 뉴스 주제는 바뀌지만 반복적인 업무에 타성이 붙고, 회사에서 이런 저런 스트레스로 의기소침할 때가 있기 마련인데, 그럴 때 '방송 목소리가 참 편하다,' '듣기 좋다,' '유익하게 잘 보고 있다'라는 격려와 칭찬의 댓글이나 전화를 받으면 다시 툴툴 털고 일어나 신바람 나게 일할 맛이 나기도 한다. 적당한 스트레스와 칭찬이 그 오랜 세월을 방송 통역사로 버티게 한 힘이 아니었나 싶다.

테이프 딱지가 뒤바뀌면?

실수란 게 참 묘해서, 난이도가 있고 어려운 통역일 때는 나오지 않는다. 오히려 자신 있게, 틀렸다고는 생각하지도 못하는 순간에 발생하곤 한다. 아무래도 어려울수록 긴장하고 집중하는 인간의 특성 탓일지도 모르겠다. 알렉산더 포프의 "To err is human, to forgive is divine."이란 말처럼, 인간은 실수하기 마련이다. 통역사도 인간이므로 실수에서 무사할 수 없다. 하지만 성공한 사람들의 공통된 특징에서 알 수 있듯이, 같은 실수를 반복하지 않고 오히려 그 한 번의 실수에서 한 단계 진일보하는 계기를 마련할 수 있는 자기 인내심을 가진 통역사만이 거칠고 험난한 방송통역계에서 오랫동안 살아남을 수 있다.

지금까지 기억되는 통역 제작물 관련 최대 대형 방송 사고가 있다. YTN 창사 이래 통역사가 경위서를 작성하게 된 유일무이한 사고가 아니었나 싶다. 동료 통역사였는데, 정말 무심결에 한 실수가 큰 사고를 불러왔다. 야근을 한 그 통역사는 통역 리포트를 두 개를 만들었는데, 번역, 편집, 녹음까지 잘 마쳐놓고서는 두 개 테이프에 붙이는 라벨 딱지를 바꿔 붙인 것이다.

방송에서 앵커가 '콜롬비아 사건 관련 소식을 전해드리겠습니다. CNN 통역으로 들어보시겠습니다'라고 멘트를 마쳤는데, 방송에 나가는 건 엉뚱하게 태국 축제 소식이었으니…. PD와 제작진은 난리가 났고, 시청자는 황당해하고, 통역실 안에는 순식간에 무거운 정적이 흘렀다. 대형 사고였다. 방송에서 앵커가 시청자에게 공식 사과하고 사건은 일단락됐으나, 개국 이후 초유의 방송 사고라서 회사가 발칵 뒤집어졌고, 온에어용 딱지를 뒤바꿔 붙인 통역사는 결국 경위서까지 쓰게 됐다. 아차 하는 실수가 아주 엄청난 결과를 가져올 수 있으니, 방송 나가기까지 완성 테이프를 거듭 확인하는 게 좋다.

사실 방송 나가기 직전까지 테이프를 꼼꼼히 확인하지 않을 때 발생할 수 있는 사고 유형은 다양하다. 먼저 비디오 편집을 할 때 쓸데없는 그림을 잘라버리고 앞쪽과 뒤쪽 그림을 연결할 때 잘못해서 잠시 블랙화면이 뜨거나, 플래시(주: 편집된 그림의 마지막 한 프레임이 끼어들어 화면이 잠시 번쩍하는 현상)가 끼어들 수 있으니 조그 버튼으로 천천히 프레임 단위로 돌려가면서 확인해야 한다. 오디오를 녹음할 때도 혀가 꼬여서 다시 녹음할 때 지난번 녹음 소리가 겹치지 않게 깔끔하게 지우는 것도 잊지 말아야 한다. 그리고 오디오 녹음을 찬찬히 다시 들어보면서 입맛 다시는 소리, 침 넘어 가는 소리, 대본 넘기는 소리 등이 들어가 있는지도 확인해야 한다. 물론 테이프 제목 딱지가 제대로 붙어져 있는지, 아날로그 테이프일 경우에는 방송 시작점에 맞춰져 있는지도 잘 살펴야 한다.

1995년 11월 4일, 아라파트 팔레스타인 해방기구(PLO) 의장과 1994년 역사적인 오슬로 평화 협정을 맺어 중동의 평화를 이룬 공으로 노벨평화상을 수상한 이츠하크 라빈 이스라엘 총리가 텔아비브에서 열린 중동평화회담 지지집회 연설 후 차에 타려던 중 유대인 극단주의자 이갈 아미르의 총에 맞아 암살당하는 사건이 발생했다. 그리고 1995년 11월 5일 라빈 총리의 장례식에서 클린턴 당시 미국 대통령이 조사(弔詞)를 했고, 나는 그것을 동시통역해야 했다. 비통하고 장엄한 분위기 속에서 장례식은 거행됐고, 클린턴 대통령의 조사에는 친구이자 동지를 잃은 안타까운 마음이 고스란히 묻어났다. 다음은 동시통역으로 진행된 클린턴 조사의 내용이다.

Remarks by President Clinton at the Funeral of Israeli Prime Minister Yitzhak Rabin(November 5th, 1995)

Goodbye, Friend.

The world has lost one of its greatest men a warrior for his nation's freedom, and now a martyr for his nation's peace. To Leah Rabin and her children, Hillary and I send our love and our prayers. To the people of Israel, I want you to know that the hearts and prayers of all Americans are with you. Just as America has stood by you in moments of crisis and triumph, so now we all stand by you in this moment of grieving and loss. For half a century, Yitzhak Rabin risked his life to defend his country. Today, he gave his life to bring it a lasting peace. His last act, his last words were in defense of that peace he did so much to create. Peace must be and peace will be Prime Minister Rabin's lasting legacy. Tonight, the land for which he gave his life is in mourning. But I want the world to remember what Prime Minister Rabin said here at the White House barely one month ago, and I quote: "We should not let the land flowing with milk and honey become a land flowing with blood and tears. Don't let it happen." Now it falls to us, all those in Israel, throughout the Middle East, and around the world who yearn for and love peace to make sure it doesn't happen. Yitzhak Rabin was my partner and my friend. I admired him, and I loved him very much. Because words cannot express my true feelings, let me just say 'shalom, chaver' -- goodbye, friend.

당시 입사 1년차의 초보 동시통역사였던 나는 떨리고 긴장되는 목소리를 누르고, 숙연한 장례식 분위기에 맞게 무거운 느낌을 살리기 위해 최선을 다했다. 그런데 비교적 짧은 동시통역을 무사히 마치고 스튜디오를 나왔는데, 동시통역계의 대선배이시자 당시 국제부 부장님이셨던 곽중철 선배의 느닷없는 불호령이 떨어진다. "젖과 꿀이 흐르는 땅이지, 어째서 우유와 꿀이 흐르는 땅이냐? 너는 엄마 젖 안 먹고 우유만 먹고 컸냐?"

초보 통역사, 그때야 정신이 번쩍 든다. 너무 긴장한 나머지 'the land flowing with milk and honey'를 무조건 들은 대로 정보를 처리하고 보는 초보자의 우(愚)를 범하고 만 것이다. 한번 돌아볼 심적 · 정신적 여유가 있었다면, 사람들의 귀에 익숙하고 잘 알려진 성경 구절처럼 '젖과 꿀이 흐르는 땅'이라고 통역했을 텐데…. 무턱대고 'milk'는 '우유' 하고 자동적으로 뱉어낸 것이다. 그런데다 통역을 마치고도 무슨 실수를 했는지조차 깨닫지 못할 정도로, 초보티를 팍팍 낸 통역이었다. 얼굴이 화끈화끈 달아오르고, PD의 동시통역 시작 신호를 기다리던 순간보다 심장이 더 쿵쾅거리고 머리는 복잡하고 마음은 자책감으로 괴롭다. 돌이켜보면 그때 나는 험난한 방송동시통역사로의 혹독하고 매서운 입문식을 제대로 치른 것 같다.

10만 원짜리 자동차?

통역을 하다가 자칫 잊을 만하면 저지르게 되는 실수가 있는데, 바로 숫자이다. 정신 똑바로 차리고 있지 않으면 그냥 무심코 0을 하나 빼먹는다거나 seven과 three를 헷갈린다거나, million과 billion 단위를 바꿔 통역한다든지, fifty와 fifteen을 잘못 통역하는 경우가 가끔씩 생긴다. 숫자가 문맥상 그다지 중요하지 않은 것이라면 틀려도 티가 나지 않지만, 단위가 달라지고 의미 있는 숫자라면 곧바로 지적이 들어온다. 다행히 데스크를 볼 때 숫자가 잘못된 걸 집어내면 그나마 운이 좋은 편이지만, 데스크가 리포트의 전반적인 흐름이나 한글 표현에 신경을 쓴 나머지 숫자를 제대로 체크하지 않은 경우, 방송이 나간 후 다른 기자나 시청자의 지적을 받게 되면 문제가 커진다.

원숭이도 나무에서 떨어질 때가 있다는데, 15년 동안 방송통역일로 잔뼈가 굵은 덕분에 속도와 표현 면에는 남부럽지 않다고 자부하지만, 가끔씩 그 오랜 경험과 속도에 대한 자신감이 덜미를 잡기도 한다. 늘 해오던 대로 초벌하고 표현 수정하고 후다닥 서둘러 일처리를 하다 보면, 보고 또 보고 다시 고쳐보던 초보의 긴장감이 사라져 엉뚱한 실수를 하곤 한다.

2010년 1월 14일 방송된 <인도 시장을 노려라!>라는 통역 리포트를 번역할 때였다. 별로 까다로운 내용도 없고 번역하기도 쉬운 리포트였다. “인도에서는 가격이 저렴한 소형차의 인기가 매우 높은데요, 미화 100달러가 안 되는 것도 있습니다. 2008년에 출시되어 2,500달러에 팔렸던 타타의 나노도 최신 모델을 전시했습니다.” 이렇게 번역을 하고 데스크도 다 받고 퇴근했다가 회사에서 전화가 걸려왔다.

부장님의 불호령. 100달러면 10만 원 꼴인데 뭐 잘못된 것 아니냐는 지적이 들어왔다고. 이럴 수가! 하루 일을 마치고 즐겁게 퇴근했던 회사로 다시 부랴부랴 돌아가 확인하니 “10,000 dollars”. 어떻게 이걸 100달러로 들을 수 있었는지 귀신이 곡할 노릇이었다. 아무리 생각해도 그렇게 들을 수는 없는 노릇인데…. 쩝, 숫자를 다시 한 번 꼼꼼히 재점검하지 않은 잘못이다. 더 정확히 말하면, 타성이 빚은 잘못이었다. 그래서 숫자가 나오면 통번역 경력에 상관없이 긴장해야 한다.

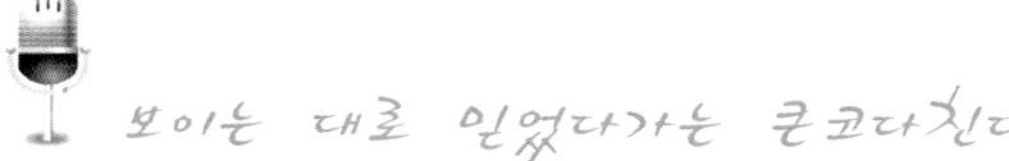

방송통역의 장점이라면 비디오 정보 덕분에 귀로만 정보를 전해 듣고 통역하는 것보다 도움을 받는 경우가 많다는 것이다. 미처 놓친 이름이나 지명, 숫자가 화면이나 자막으로 나오는 경우도 있기 때문이다. 방송이라는 특징 때문에 텍스트보다는 영상에 맞게 번역 순서를 바꾸기도 한다. 그래야 번역을 한 후에도 원 영어 뉴스에서처럼 시각적 정보와 청각적 정보가 일치하기 때문이다.

그러나 보이는 것에 속는 수도 있다. 지난 2010년 2월 25일 통역 리포트 <우주비행사의 하루>를 번역할 때였다. 한 여자 우주비행사가 미국, 러시아, 일본 등 여러 나라를 오가며 훈련을 받는 뉴스였는데, 우주유영을 대비해 일본 우주센터를 방문해 무중력 상태와 비슷한 수중에서 우주복을 입고 장비 사용을 익히는 훈련을 받는 화면이 나왔다. 원문도 '일본 스쿠버 센터'이길래, 화면에 수중 훈련도 있고 해서 '일본 스쿠버 센터에서'라고 번역을 했다.

그런데 데스크를 보시던 차장님께서, "일본 쓰쿠바 우주센터 같은데…"라고 가능성을 제기하신다. 그래서 원문을 다시 들어본다. "Biking is the most practical way to get around Japan's 쓰쿠바 Space Center."라고 한다. 그래서 발음 나는 대로 찾아서 인터넷에서 검색해보니 'Tsukuba Space Center'가 있는 게 아닌가? 게다가 화면을 자세히 들여다보니 스치듯 '일본 쓰쿠바 우주센터'의 정문 장면이 지나치는 게 아닌가? 역시 통역에서도 눈에 보이는 그대로 믿었다가는 실수하기 쉽다.

– 문제의 2010년 2월 25일 방송[1]

[앵커멘트]

인류의 미래에 중요한 과학적 탐사를 실행하는 전진기지인 국제우주정거장! 그곳으로 우주비행을 하는 것은 상상하는 것만으로도 매력적이지만, 치밀한 사전 준비가 필수적입니다. 러시아와 미국, 일본 등을 오가며 강도 높은 훈련을 받는 우주비행사의 일과를 취재했습니다.

CNN 보도내용을 이지연 통역사가 전합니다.

[리포트]

우주비행사 케이디 콜맨이 가끔 이용하는 교통편입니다. 하지만 주 엔진 세 개와 3,000톤의 추진력을 자랑하는 우주비행선을 타지 않을 때면, 그는 주로 자전거를 이용합니다.

---

1) YTN 〈우주비행사의 하루〉, 2010. 02. 25. http://www.ytn.co.kr/_ln/0104_201002250840407510

[인터뷰: 케이디 콜맨, 우주비행사]
"제가 훈련을 받는 곳입니다."

일본 쓰쿠바 우주센터에서 이동할 땐, 자전거가 제일입니다. 케이디는 카메라를 들고 하루의 훈련 일과를 기록합니다. 지난 한 달 동안 그는 러시아와 미국 휴스턴, 일본에서 훈련을 받았습니다. 그 이유는, 국제우주정거장 임무를 앞두고 있기 때문입니다. 즈베다, 키보, 콜럼버스, 데스티니 등 다양한 이름에서 알 수 있듯이 15개국이 합작으로 진행 중인 국제 우주프로젝트인 만큼, 훈련도 국제적일 수밖에 없습니다. 그는 오는 12월 출발해 6개월간 우주에 머물 예정입니다. 그러기 위해서는 모든 기계 장비에 대해 속속들이 알아둬야 합니다. 유럽과 일본, 미국에서 요청한 실험을 수행하기 위해 필요한 일입니다.

간단히 말해, 집주인이 집 안 구석구석에 뭐가 있고, 배관과 수도 계량기, 기둥과 볼트에 대해 알고 있어야 하는 것과 마찬가집니다. 우주비행사가 숙지해야 할 것이 얼마나 많은지는 상상을 초월할 정도입니다. 고도의 집중력과 비위 좋은 식성은 필수입니다. 이건 해조류로 만든 죽입니다.

[인터뷰: 케이디 콜맨, 우주비행사]
"맛있는데요."
(It's delicious!)

훈련실에서 다양한 종류와 크기의 로봇팔을 작동해봅니다. 미니 모형과 실물 크기, 그리고 가상현실로도 훈련합니다.

[인터뷰: 케이디 콜맨, 우주비행사]
"우주에서 실제로 작업할 때 보이는 모습입니다. 우주정거장의 카메라가 거꾸로 달려 있어 거꾸로 된 모습으로 훈련합니다."
(And actually I will tell you that the way that we are used to is looking like this. It's actually gonna be upside down like that. Our camera is upside down in the Space Station. So we have to learn how to think upside down.)

일과를 마친 케이디는 다시 자전거에 올라탑니다.
위성통역실 이지연입니다.

방송에서 문자 텍스트 없이 소리만 듣고서 고유명사를 잡아내는 것은 통번역가의 청취력과 더불어 검색능력이 필요한 부분이다. 소리 나는 대로 단어를 검색해 주제에 맞는 용어를 찾아낸 후 의미를 파악하고, 그것이 한국어 표기가 정확히 어떻게 되는지를 찾는 것도 번역가의 임무이다. 아래의 예문들을 보면,2)

Asashoryu is the 350 pound grand champion of Japan's national sport…crowned the title "Yokozuna."

일본에서는 해마다 6가지의 타이틀을 놓고 대규모 스모 선수권 대회가 열리며, 제1인자를 '요코즈나[横綱]'라고 부른다. 하지만 일본 전통 스포츠, 스모에 관한 배경지식이 없다면 '야커즈너'라는 소리만으로 스펠을 찾아서 검색을 해야 한다. 'yakozena,' 'yokerzuner' 등 다양한 철자 조합을 찾아 검색을 하다가 'yokozuna'라는 올바른 표기를 찾으면, 이것이 무슨 대회 이름인지, 타이틀인지를 찾아 정보를 얻는다. 그 다음에

---

2) 한국번역학회, 『번역학연구』 9권 2호, 2008년(193~215).
「소리와 이미지의 번역 -TV 뉴스 번역 사례 연구를 중심으로」에 게재된 예문으로 위 논문은 이 책의 후반부에 부록으로 수록하였다.

는 한국어로 어떻게 표기하는지를 찾아 번역해야 한다. 한국에서 일반적으로 알려진 표기법을 따르지 않고 '요꼬주나'라고 표기한다면 그것 역시 틀린 번역이 된다.

고유명사 외에 소리 번역에서 가장 큰 애로점은 바로 익숙하지 않은 숙어와 관용표현이다. 문자 텍스트도 마찬가지이겠지만, 문자는 표현을 보고 찾아볼 수 있지만 소리 텍스트는 들을 때 익숙지 않은 표현의 청취가 어려워 정확한 표현을 찾아내는 데 어려움이 크다. 예를 들어, 2008년 1월 31일자 CNN International News에서 '맥도날드와 스타벅스 간 커피 전쟁'이란 기사 중,

A little guy like "the Mud Truck" in New York's East Village with a recipe from grandma. Some Mud lovers are telling McDonalds, 'Here's Mud in your eye.[3)]'

'Here's mud in your eye'는 일반적으로 '건배!'란 표현의 관용표현이지만, 여기서는 'the MUD Truck'이라는 영세 커피업체를 즐겨 찾는 고객이 대형 소매업체 맥도널드에서 파는 커피에 대해 비유적으로 사용해 'MUD'가 이중적 의미로 강조

3) It comes from the Gospel of John 9:6-7. This is the story of Jesus healing the man born blind… by putting mud, made from spittle and dust, in his eyes and telling him to go wash it off in the Pool of Siloam.

되어 쓰였다. 따라서 이런 배경지식과 관용표현을 알고 있다면, 내포된 의미까지 고려해 번역하는, 최선의 전략을 구사할 수 있다. 또 다른 예문을 살펴본다.

December-May romances have been media cat-nip for years. Real life cougars like Demi Moore populate the tabloids. As well as celluloid cougars…

위의 예문은 <재력 있는 연상녀와 무일푼 연하남 간의 데이트 증가 추세>라는 제목의 CNN 기사에서 발췌한 것이다. 'December-May romance'는 나이 차이가 많이 나는 남녀 간의 사랑, 즉 여기서의 경우는 연상녀, 연하남 커플을 의미하고, 'media cat-nip'은 언론의 '단골소재'가 되어 왔다고 번역됐다. celluloid cougars에서 celluloid는 영화필름을 의미하며, 다시 말해 '영화화' 됐음을 뜻하고, 'cougar'[4]는 퓨마와 닮은 동물 '쿠거'가 아니라 2,3십대 젊은 남자를 유혹하는 3,4십대 연상녀를 지칭한다. 이런 문화적 배경지식을 갖거나, 정확한 단어

4) Cougar refers to an older woman, usually in her 30s–40s, who sexually pursues younger men in their 20s or early 30s. Term used by TV series 30 Rock(episode "Cougars"), How I Met Your Mother(episode "Aldrin Justice"), Supernatural(episode "Red Sky at Morning"), the NBC reality TV show Age of Love, jPod and One Tree Hill. On film, it was used in 2004's National Lampoon's Going the Distance and in 2007's Ocean's Thirteen. The 2007 film Cougar Club was dedicated to the subject – its plot was about two males creating a club where parties are thrown where male members get the chance to meet and have sexual encounters with "cougars." (Reference: Wikipedia)

를 듣고 검색하는 능력이 없다면 전혀 엉뚱한 번역이 나올 가능성이 크다. 그만큼 소리 텍스트의 경우, 청취력과 문맥 속에서 의미를 파악해 정확한 의미를 짚어내는 통번역자의 능력이 크게 요구된다.

가끔씩 귀로 의존해 해외 뉴스를 번역하다 보면, 한국말로 그대로 차용된 외래어를 잡아내기가 더욱 어려운 상황이 발생한다. 대표적인 예가 'The Odyssey of South Korea's new leader…'라는 예문에서 뉴스 원문은 '오디세이'라고 해주지 않는다. '아더시'에 더 가깝다. 마찬가지로 'elite'는 '엘리트'가 아닌 '일리잇,' 'Sonata'는 '소나타'가 아닌 '쏘내러'에 가깝다.

언젠가는 CNN 뉴스에서 유인원 종류를 나열하는데, 비비원숭이, 침팬지, 고릴라 그리고 '랭어튼'이라는 듣도 보도 못한 신종 유인원이 나온다. 아무래도 이상해 계속 들어봤더니 리포트 후반에서야 비로소 작게 'O' 사운드가 들리는 게 아닌가? 'Orangutan'도 악센트가 중요한 영어에서는 '오랑우탄'이 아닌 '(어)랭어튼'으로 발음된다. 귀를 쫑긋, 정신을 집중하지 않으면 아찔한 실수를 하기 쉽다. 조금이라도 이상하다 싶으면 여러 번 들어보고, 찾아보고, 검색하고, 확인해야 안전하다.

CNN International은 특히 외국을 대상으로 한 뉴스라서 앵커와 리포터 역시 다국적이다. 미국, 영국, 홍콩, 중동, 동유럽, 인도, 한국인 앵커와 리포터가 활동한다. 그렇다 보니 발음도 제 나름의 모국 악센트가 들어간 영어가 나온다. 독특한 억양과 통통 튀는 리포팅 스타일로 눈에 띄는 리차드 퀘스트

(Richard Quest)라는 CNN 기자는 영국 출신으로 파리 특파원을 오래한 탓인지 발음이 참으로 독특하다. 가끔씩 멋 부리며 불어 단어를 파리지앵 발음으로 섞어서 리포팅을 하는 관계로, 애꿎은 불어 사전을 뒤적이며, 불어 공부를 해야 하는 상황이 발생한다.

또 얼마 전에는 인도계 여자 리포터가 이란 관련 기사를 보도하면서 종교계가 '포투아'를 고려 중이라고 하는데, 'fautwa,' 'fauxtwa,' 'foutua' 등 가능한 모든 스펠링 조합을 찾아봤지만 결국 찾지 못해서 난감한 적이 있었다. 그런데 나중에 CNN 스크립을 찾아보니 'Fatwa[5)]' 우리나라말로는 '파트와,' 즉 이란에서 사용되는 일종의 '종교 칙령'이란 뜻이었다. 아는 만큼 들린다는 말을 절감하는 순간이었다.

---

5) 파트와는 어떤 사안이 이슬람법에 저촉되는지를 해석하는 권위 있는 이슬람 판결이다. 파트와의 내용은 코란과 마호메트의 가르침에 기초한 이슬람의 법률인 샤리아(Sharia)에 기초하여 결정된다. 따라서 이것은 법적인 최종 판결이 아니며 중대한 사안에 대한 종교적인 답변에 불과하다. 그러나 이슬람 세계에서 법 이상의 권위를 갖고 있는 칙령에 해당하는 것으로 이슬람교도라면 누구나 종교적 의무로 파트와를 따른다.

11

CNN International의 얼굴들

영국신사, 리차드 퀘스트
마네킹 미녀, 크리스티 루 스타우트
분쟁 지역엔 반드시, 닉 로버트슨
인도의 얼굴, 사라 사이드너
언어유희의 달인, 지니 모스
자랑스러운 한국인, 유니스 윤

CNN International의 얼굴들

영국신사, 리차드 퀘스트 Richard Quest

기업인같이 깔끔한 복장에 독특한 억양으로 한번 보면 기억에 남는 앵커이자 기자. 출장 가는 기업인을 위한 여행 프로그램 <CNN 비즈니스 트래블러(Business Traveller)>를 오랫동안 진행해서일지 모르겠다. BBC에서 일하다가 지난 2001년 CNN으로 옮겨 지금은 비즈니스 트래블러와 일주일에 5일 방송되는 경제 프로그램 <퀘스트 민즈 비즈니스(Quest Means Business)>를 진행 중이

다. 그의 강한 억양과 독특한 말투, 그리고 항상 유머를 잃지 않는 모습 때문에 그가 만든 리포트는 웬만하면 다 재미있다. 재미없을 것 같은 경제 기사도 볼만하게 만드는 건, 퀘스트가 가진 환한 미소와 매력 덕분이 아닐까 생각해 본다. 20년 경력의 베테랑 언론인인 그는 요즘 개성 있는 경제전문기자로서의 입지를 굳혀가고 있다.

마네킹 미녀,
크리스티 루 스타우트 Kristi Lu Stout

우리나라 배우 '김지호'를 떠올리게 하는 미모의 앵커이자 기자. 중국인과 유럽인 부모 사이에 태어난 미국 국적자로, 스탠포드 대학에서 학사, 석사를 한 재원이기도 하다. 한국도 여러 차례 방문했는데, 정말 우연히 명동을 걷다가 거리에서 한국 특집 리포팅을 하는 그녀를 봤다. 매일 CNN을 모니터하고 통번역하는 나에게는 꽤 낯익은 그녀를 한국 거리에서 만나니 너무 반가웠다. 실제로 보니, 같이 온 남자 카메라 기자보다 더 큰 듯했다. 신장이 180센티미터는 족히 넘는 듯하고 미모 또한 뛰어나 사람이라기보다는 흡사 마네킹 같았다. 카메라의 강한 조명을 받아서 더 그렇게 보였는지도 모르겠다.

스탠퍼드대를 졸업하고, IT 및 경제담당기자, 월드리포트 진행 등 종횡무진 활동하며 아시아 TV상 선정 베스트 뉴스 앵커, 포브스 '아시아의 주목할 만한 9명의 여성'으로 선정되기도 했다. CNN 특별기획 방송 '아이 온 사우스코리아(Eye on South Korea)'에서 그는 금융위기를 슬기롭게 헤쳐 나가고 있는 한국의 저력을 집중 분석했다. 대통령 부인 김윤옥 여사, 현정은 현대그룹 회장, 서남표 카이스트 총장 등과 인터뷰를 진행한 것은 물론 동대문디자인센터, 기아차 공장 등을 직접 다녀오기도 했다.

분쟁 지역엔 반드시, 닉 로버트슨 Nic Robertson

전쟁과 분쟁이 있는 곳에서 항상 지저분한 옷차림과 떡이 된 머리로 리포팅을 하는, 분쟁담당 기자이다. 1989년 CNN에 방송 엔지니어로 입사해 걸프전 당시 바그다드에서 활동하다가 기술력과 열정을 인정받아 피디와 리포터로 발탁, 그 후 이라크, 아프간, 쿠웨이트, 르완다, 짐바브웨, 소말리아, 남아공, 미얀마 등 남들이 기피하는 곳에서 현장을 취재했고, 덕분에 CNN 기자 중 최다 수상의 기록을 가지고 있다. 최근에는 카다피 지지군과 반군 간 치열한 전투가 한창인 리비아에서 서방 기자 중 유일하게 트리폴리에서 취재 중이다. 분쟁 지역에서 몇 달이고 머물면서 몸을 사리지 않는 취재 때문에 노총각일 거라고 생각했는데, CNN 여자 동료와 결혼해 두 딸을 두고 있다고 한다.

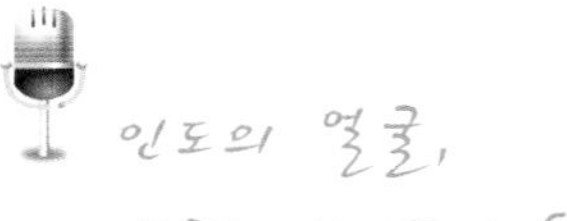

인도의 얼굴, 사라 사이드너 Sara Sidner

인도와 남아시아 전문 뉴델리 특파원. 뭄바이 테러 때는 인질극이 벌어지는 호텔 앞에서 리포팅을 하다가 호텔에서 폭발 굉음이 나면서 땅이 진동해 크게 놀라기도 했다. 차분하고 안정적인 보도가 꽤 인상적이다.

파키스탄과 인도 간 분쟁, 스리랑카 쓰나미 등을 취재하며 강한 인상을 남긴 덕분에 에미상과 AP상을 수상했다. 플로리다대학에서 텔레커뮤니케이션으로 석사 학위를 받았으며, 열렬한 동물 애호가로 알려졌다.

언어유희의 달인, 지니 모스 Jeanne Moos

한번 보면 잊히지 않는 독특한 목소리와 억양을 가진 CNN 기자 중 남자에 리차드 퀘스트가 있다면, 여자는 단연 지니 모스. 목소리도 걸쭉한데다, 무엇보다 최근 화제가 되고 있는 별나거나 독특한 주제를 재미있는 리포트로 구성해 주목을 끈다. 동음이의어를 사용한 말장난(PUN)을 맛깔나게 구사하는 바람에 번역하기는 무척 까다롭지만, 그래서 오히려 도전해보고 싶게 만드는 털털하고 친근한 이웃집 아줌마 같은 기자.

지니 모스는 애초 신문기자가 되려고 했지만 시라큐스대학에서 커뮤니케이션을 전공하면서 방송 기자가 되기로 마음을 굳힌다. 그리고 1981년 CNN 리포터로 입사하면서 정치 부패와 91년 걸프전 당시 유엔을 취재했다. 그러다가 90년대 들어서면서부터 그만의 독특하고 색다른 이색 기사를 다루기 시작하면서 지금의 색깔을 굳히게 됐다. 1995년에는 그의 이름에서 착안한 시리즈물 <메이킹 더 모스트 오브 잇(Making The MOOSt Of It)>과 모스트 언유즈얼(Moost Unusual)>을 제작하기 시작한다. 대중문화를 주제로, 거리 인터뷰와 유튜브 비디오를 이용해 리포트를 만드는 게 특징적이다.

자랑스러운 한국인, 유니스 윤 Eunice Yoon

한국계 기자. 개국 초기 YTN에서 영어 뉴스 앵커를 담당했던 유니스 윤. 복싱을 해서 단단하고 다부진 몸매의 활달한 성격을 가진 사람으로 기억한다. 그런 그가 CNBC로 갔다는 소식을 들었는데 언제부턴가 CNN 아시아 비즈니스 에디터로 출연하기 시작했다. 중국 쓰촨성 대지진 때는 가장 먼저 현장에 도착해 생존자 구조 소식을 전했고, 베이징 올림픽과 한국의 DMZ를 취재했다. 2004년 인도양 쓰나미 취재로 듀폰상을 수상하기도 했다.

미국 로드아일랜드의 브라운대학을 우등생으로 졸업한 지덕체를 겸비한 기자로, 고(故) 노무현 전 대통령과 폴 크루그먼 교수, 도미니크 스트로스 칸 전(前) IMF 총재 등 세계 거물급 인사들과 인터뷰했다.

12

화려한 방송통역사의 진땀나는 생활

촌각을 다투는 시간과의 싸움
기술 감독이 진땀을 뻘뻘 흘린 이유는?
헤드폰 속의 소음, PD Call 좀 빼주세요!

화려한 방송통역사의 진땀나는 생활

촌각을 다투는 시간과의 싸움

방송동시통역사의 가장 큰 스트레스라면 언제 어느 때나 불려나갈 수 있다는 불안감에서 벗어나기 어렵다는 점이다. 회사일 끝나고 퇴근길이 가벼워야 하지만, 퇴근 후에도 항상 언제 걸려올지 모르는 비상호출 전화에 가슴을 졸여야 한다는 점. 그나마 하루 24시간을 나누어 담당할 수 있는 통역사 숫자가 많다면 부담은 줄어든다. 동료 통역사가 많을수록, 개인이 커버해야 하는 시간이 줄기 때문에 부담은 줄지만, 항상 변수는 있기 마련이다. 개인적인 일이 있을 수도 있고, 또 다른 통역이나 번역 일이 있을 수도 있기 때문이다. 어느 조직에서나 마찬가지겠지만 팀으로 일할 때는 팀워크와 상호 배려, 신뢰가 중요하다.

언제 있을지 모르는 긴급호출은 이상하리만치 머피의 법칙에 충실하다. 휴일에 친구들과 만나 회포를 풀고 있거나, 운동 중이거나, 다음 날 일정이 빡빡한 날일 때, 꼭 이날만큼은 피하고 싶을 때 발생하고는 한다. 그래도 브레이킹 뉴스를 동시통역으로 가장 먼저 전해야 하는 건, 방송동시통역사의 피할 수 없는 숙명!

밤 11시든 2시든, 새벽 5시든 항시라도 울릴 수 있는 휴대전화를 꼭 끼고 다녀야 하고, 최대한 빠른 시간 안에 회사로 갈 수 있도록 기동력을 갖추어야 한다. 호출을 받으면 화장, 옷차림은 신경 쓸 겨를이 없다. 겨우 눈곱만 떼고 달려 나가야 한다. 최소 20분, 늦어도 1시간 안에는 달려가야 한다. 가는 도중에도 회사의 야근자와 통화하면서 개략적인 사건 내용과 전개 상황을 계속 챙겨야 한다. 머리는 질끈 동여매고, 모나리자 눈썹을 하고, 운동화 차림에 달려간 회사는 이미 전쟁터. 이런 전쟁터에 어쩌면 곱게 화장한 모습은 어울리지 않는다. 가장 먼저 와이어를 통해 들어온 뉴스를 챙기고, 참고자료와 헤드폰, 펜, 노트를 챙겨가지고 스튜디오로 달려간다. 환하게 조명이 켜진 채 3~4개의 TV 모니터가 돌아가고 있는 스튜디오, 여기가 바로 방송통역사의 전쟁터이다.

전속 통역사가 없는 경우, 야간에 긴급 뉴스가 발생했을 때

통역사를 섭외하는 데 애를 먹기 일쑤다. 연락도 힘들고 또 되더라도, 야간의 방송 통역을 기꺼이 하겠다는 통역사가 적어, 섭외가 불가능한 경우가 많기 때문이다. 한국과 개인의 일상은 조용해도 세상은 넓고, 하루도 사건 사고 없이 조용히 지나는 적이 없다. 복작복작 시끌시끌, 여기저기서 이런저런 문제들이 발생한다. 이렇게 복잡한 세상사를 가장 먼저 전해야 하는 숙명을 짊어진 방송동시통역사. 세계가 평화로워지는 날, 매일매일의 그 팽팽한 긴장의 끈을 비로소 놓게 될 것이다. 과연 그런 날이 올는지….

기술 감독이 진땀을 뻘뻘 흘린 이유는?

지난 2009년 6월 16일, 이명박 대통령과 오바마 대통령이 백악관 로즈가든에서 한-미 정상 공동기자회견을 가졌다. 이명박 대통령의 방문은 오바마 정부 출범 이후 첫 공식 한미 정상회담인데다, 특히 북한 핵, 한미 FTA 등의 문제와 관련하여 이목이 집중되고 있었다. 두 정상이 어떤 대화를 나누고 또 어떤 성과가 도출될지에 한국 언론은 초미의 관심을 가지고 집중 보도했다.

이명박 대통령과 오바마 대통령은 오바마 대통령의 집무실인 백악관 오벌 오피스에서 15분간의 단독정상회담에 이어 주요 각료들이 함께 하는 확대정상회담을 가진 후, 한국 시각으로 자정을 넘기는 12시 30분에 백악관 로즈가든에서 미 전역에 생중계되는 공동 기자회견을 갖고 모두 발언과 양국 기자 4명의 질문에 답변할 예정이었다.

CNN이나 로이터로 들어오는 라이브 화면을 받아서 동시통역을 해야 하니 대기하라는 전언이 내린다. 그날도 여느 때와 다름없이 통역 예정 시간보다 2, 3시간 빨리 출근해 자료 조사를 하고 예상 발언과 질문을 뽑아보고, 마음의 준비를 하고 있었다. 그런데 보통 통역 스튜디오의 세팅은 기술부 인력이 시간대별 생방송 뉴스를 마쳐야 일손이 나기 때문에, 동시통역 30분이나 15분 전에 오디오를 연결하고 마이크 볼륨을 확인하는 작업이 이뤄진다. 일상적인 일이었기 때문에 이번에도 기술부 직원이 내려와서 비디오와 오디오를 연결하는데, 기계가 먹통이다.

거미줄처럼 복잡하게 얽혀 있는 선을 이리저리 연결해 봐도 연결이 안 되자, 다른 기술부 직원이 내려와 이것저것 만져본다. 최근 스튜디오 개선 공사를 하는 바람에 선들이 얽혀서 그렇단다. 그때까지 시간여유가 있어서 괜찮았다. 그런데 한미 공동기자회견 예정시간인 12시 30분을 5분여 앞두고서도, 오디오와 비디오 연결이 전혀 되지 않는다. 갑자기 기술부가 다급해지기 시작한다. 국제부 담당 기자도 분주히 뛰어다니고 채근하느라 바쁘다. 주변이 이렇듯 어수선해지니 동시통역 전의 긴장감이 배가 된다. 11층 동시통역 스튜디오의 연결이 안 되므로, 12시 생방송 뉴스가 진행되고 있는 스튜디오에서 연결해야 한단다. 부랴부랴 자료뭉치와 필기구를 챙겨서 12층으로 뛰어올라간다. 가뜩이나 긴장된 상황에 정신이 아득하다.

환하게 조명이 켜진 12층 생방송 스튜디오에서는 남녀 앵커와 정치부 출연기자 셋이서 나란히 앉아 한미 정상회담의 배경과 전망에 대해 얘기를 나누고 있다. 생방송이 진행되는 도중에 방송에 소리가 나가지 않도록 조심스럽게 스튜디오 문을 열고 들어가 방송 카메라 뒤쪽 스튜디오 구석자리에 통역 자리를 마련한다. 생방송 중이므로 소리를 냈다가는 방송에 그대로 나가기 때문에 손짓과 몸짓으로 신호를 보내며 부지런히 오디오 선을 연결하고 비디오를 조정한다. 그러는 사이, 시간은 어느덧 기자회견 예정시간이었던 12시 30분을 넘어선다. 외신 화면에 로즈가든의 기자회견 연단이 비춰진다. 그러나 다행히 연단은 비어 있다. 단독회담이 늦어지는 바람에 기자회견이 다소 연기되고 있는 것 같다는 앵커의 설명이 들린다.

언제든 기자회견이 시작될 수 있고, 1분 1초가 급한 상황. 평소 사람 좋고, 느긋하기로 소문난 기술 감독이 정말 말 그대로 진땀을 뻘뻘 흘리고 있다. 이마에 송골송골 땀방울이 맺힌 채 부지런히 선을 연결하고, 오디오 수신 상태를 체크한다. 나도 곁에서 가슴 졸이며 참고자료와 헤드폰, 필기구를 들고 서 있다. 정상들이 티비 화면에 모습이 비치고, 마침 기자회견이 시작되는 찰나, 간신히 헤드폰을 쓰고 자리에 앉을 수 있었다. 먼저 호스트인 오바마 대통령이 회담 내용을 전하기 시작하고 다급한 호흡을 가다듬기도 전에 동시통역이 시작된다. 한 3분여쯤 지나서야 조급함과 불안함에 쿵쾅 거리던 심장이 안정되고, 호흡도 길어진다. 이렇게 진땀나는 통역 경험도 처음이다. 생방송 동시통역사만이 경험할 수 있는 살 떨리고 아찔한 순간일 것이다.

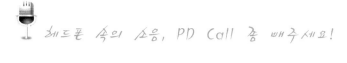

생방송 동시통역사를 괴롭히는 또 다른 복병은 바로 PD Call! 통역을 해야 하는 현장음이나 외신 뉴스만 들으며 집중할 수 있으면 좋겠지만, 방송 현실은 그렇지 않다. 헤드폰으로 들려오는 건 현장음뿐 아니라, 생방송 뉴스가 진행되는 아나운서와 기자의 리포팅 소리, 여기에 주조정실에서 뉴스를 진행하는 PD의 목소리까지 한꺼번에 서너 가지의 소리가 섞여 들려 집중하기가 힘들다. PD가 앵커 멘트의 시작을 알리고, 비디오 파일을 넘기고, 동시통역의 시작을 알리는, 일종의 영화 제작현장에서 감독의 Q사인과 같은 것이 PD Call이다.

그런데 문제는 통역이 들어가기 전에 들리는 헤드폰 속의 여러 가지 잡음들-동시통역사에게는 현장음을 제외한 기타의 모든 소리는 잡음에 해당한다. 그 모든 잡음들도 긴장을 더하는 스트레스 요인이지만, 가장 큰 문제는 동시통역 온에어 사인이 떨어진 후에도 PD Call이 헤드폰을 통해서 들려오는 경우다.

발화가 진행되는 순간 십억분의 일초에 해당하는 나노초 단위로까지 온통 귀에 신경을 쏟아야 하는 상황에, 헤드폰을 통해 뉴스 진행에 관련된 이런 저런 지시사항과 다음 아이템 준비 등의 뉴스 진행 PD의 목소리가 들릴 때는, 정말 생방송

동시통역 도중 소리라도 지르고 싶은 심정이 든다. 하지만 이미 방송은 나가고 있고, 그럴 수도 없는 상황.

바늘 떨어지는 소리조차 신경에 거슬릴 상황에 PD 소리가 헤드폰을 타고 들어오고 있으니, 동시통역이 제대로 될 리 없고, 속 모르는 시청자들은 '통역이 버벅댄다'라며 악평을 쏟아낸다. 조금만 신경을 쓴다면 주조정실에서 동시통역 시작 사인이 떨어지고 PD Call 버튼을 빼주면 간단히 해결되는 문제이다. 하지만 뉴스 진행 PD가 신입이거나, 오래전에 동시통역 상황을 겪어서 깜빡 잊어버리는 경우가 발생하므로 방송통역사들은 방송에 들어가기 전에 반드시 통역이 시작되면 PD Call을 빼달라는 말을 거듭거듭 반복해 전달해야 한다. 일단 온에어가 되어버리면 헤드폰 속 잡음으로 속이 까맣게 타들어가도 방송은 계속되어야 하니까.

13

초보 통역사가 가장 많이 하는 실수

거친 숨소리는 마이크를 타고

직역의 오류

습관은 무서워

리드하는 통역이 진짜다

왜 같은 걸 두 번 동시통역할까?

초보 통역사가 가장 많이 하는 실수

거친 숨소리는 마이크를 타고

동시통역대학원에서 처음으로 동시통역 수업을 받는 학생들이 가장 먼저 지적받는 것이 바로 호흡조절이다. 헤드폰으로 쉼 없이 쏟아지는 문장과 메시지를 한국어로 처리해야 한다는 긴장감 때문에 마음이 급해지고 그 때문에 호흡이 가빠지는 현상을 누구나 한번쯤은 보인다. 호흡이 가쁘다는 건 여유가 없다는 걸 의미하고, 여유가 없다는 건, 통역을 듣는 시청자들에게 자신감 부족으로 받아들여진다.

솔직히 15년간 방송동시통역을 해왔지만 생방송 동시통역 상황에서 매번 긴장하는 건 마찬가지다. 다만, 그동안의 경험과 노하우 덕분에 스트레스 관리와 호흡 조절 그리고 마인드

컨트롤이 전에 비해 쉬울 따름이다.

실제 동시통역 경험이 많은 사람일지라도, 방송 통역을 할 때면 마이크와의 거리를 잘 맞추는 일은 필수다. 대학원 동시 연습실이나 일반 회의장에 설치되는 통역부스의 마이크보다, 방송용 마이크는 훨씬 민감하고 소리 증폭 효과가 크기 때문이다. YTN에서는 동시통역을 할 때, 일반 마이크가 아닌 작은 집게가 달려 옷에다 집을 수 있도록 한 핀 마이크를 사용한다. 그래서 왼쪽 가슴 상단에 핀 마이크를 다는데, 너무 고개를 숙여 가까이 대면 콧바람 소리까지 전파를 타고 전해지므로 조심해야 한다. 미세한 소리까지 잡아내는 방송용 마이크 앞에서는 특히나 호흡 조절에 신경 써야 한다.

그리고 한 가지 더 유의할 점은 정전기가 많이 발생하는 털옷을 입으면 핀 마이크로 통역하기가 곤란해진다는 것이다. 자칫하다가는 생동시를 앞두고 스튜디오 안에서 옷을 벗거나, 남의 옷을 빌려 입고 통역해야 하는 경우가 발생한다.

직역의 오류

동시통역사에게 필요한 여러 가지 자질 중 하나는 빠르고 정확한 발화 능력이다. 다시 말해 말이 빠르면 그만큼 유리하다. 남들이 한마디를 할 때, 두세 마디를 빠르고 정확하게 발할 수 있다면 그만큼 유리할 수밖에 없다.

그러나 동시통역의 세계에 처음 입문한 통역사들이 가장 자주, 쉽게 저지르는 오류가 바로 직역이다. 특히, 말이 빠른 통역사가 더욱 빠지기 쉬운 함정이다. 혀에 모터를 단 듯 빠르게 발음할 수 있다는 건, 본인에게는 축복이지만 한편으론 저주일 수도 있다. 연사의 말을 100% 그대로 통역하고 토씨 하나도 빠지지 않고 전달하려는 욕심이 오히려 화근이 되는 것이다.

100%의 커버리지, 즉 연사의 말을 100% 다 통역한다는 것은 불가능해 보이지만, 말이 빠른 통역사들에게는 오히려 더 쉽게 통역하는 일이다. 사실, 행간에 숨어 있는 논리와 흐름을 파악하면서 듣는 사람이 편안하게 정보를 받을 수 있는 통역을 하는 게 10배는 더 어렵다. 연사의 말을 받아 아이디어 단위별로 잘라서 통역하는 것은, 거의 앵무새나 자동 번역 기계 같은 차원의 통역에 머물고 만다. 전반적인 주제 의식을 가지고, 연사의 의도와 적절한 표현을 찾아서 통역하는 것이 편안하고 좋은 통역이다. 말만 빠르고 커버리지가 좋은 통역

은 자신의 통역 발화 속도를 자랑하는 것일 뿐, 통역사 개인으로도, 통역을 듣는 청중에게도 도움이 안 된다. 번역에서도 마찬가지지만 동시통역에서도 직역은 편한 길이지만, 결국 막다른 골목과 같이 소통 면에서는 효율성 "제로"다.

당황하거나 긴장하면 평소의 언어 습관이 그대로 드러나기 마련이다. 동시통역도 마찬가지이다. 평소에 언어습관을 잘 들여놓지 않으면 격식과 정중함이 크게 떨어지는 비방송용 언어가 튀어나와 낭패를 보는 경우가 생긴다. 사실 동시통역사들은 통역할 원어, 즉 출발어의 메시지와 논리 파악에 집중력의 80% 이상을 쏟고 그 나머지가 도착어에 쓰인다. 즉각적인 언어 전환이 이뤄져야 하기 때문에 도착어 표현을 다듬을 여유와 겨를이 부족하고, 그만큼 평소에 좋은 언어 습관을 들이는 게 중요하다.

생방송 동시통역의 경우에는 방송으로 적합하지 않은 용어가 튀어나오면 즉각 방송국 내부와 시청자로부터 항의가 날아든다. 격식성이 낮은 일상용어가 무심결에 튀어나왔다가 웃음거리가 되거나, 호되게 뭇매를 맞은 통역사도 심심치 않게 찾아볼 수 있다.

일례로, 어떤 통역사는 very much나 greatly, significantly라는 부사를 일상적으로 자주 사용하는 "되게(중요한)"라고 말했다가 망신을 당했고, 또 어떤 통역사는 9 · 11테러 당시 동시통역을 하다가 "완전히 초토화됐다"라는 표현 대신 "작살났다"라는 비(非)방송용 속어를 사용해 곤욕을 치르기도 했고, 또 어떤 통역사는 내실 없는 껍데기뿐이라는 뜻으로 가장 먼저 떠오른 "앙꼬 없는 찐빵"이라는 표현을 통역할 때 썼다가 빈축을 사기도 했다. 그러니 좋은 통역사가 되려면 평소에 곱고 바른 말을 사용하는 습관을 기르는 것이 좋다. 엉겁결에 튀어나온 속어나 은어로 망신살이 톡톡히 뻗칠 수 있으니.

생방송 동시통역을 하다 보면 가끔씩 절벽과 절벽 사이에 걸쳐진 가느다란 줄 위를 타고 걷고 있는 느낌이 들 때가 있다. 절대 후퇴할 수도 없고, 한 걸음 한 걸음 내디딜 때마다 고도의 집중력이 필요한 공중 곡예를 하고 있는 느낌이다. '아차' 하는 순간의 실수로 깊은 골짜기로 떨어지는 아찔한 상황을 연출할 수 있어 절대로 한눈을 팔 수도, 딴생각을 할 여유도 없다. 그저 발아래 가늘고 긴 선에만 집중하고 앞으로 나아가는 수밖에 없다. 헤드폰을 통해 들려오는 영어 원음이 통역사가 살 떨리게 즈려밟고 건너야 하는 그 가늘고 긴 선이다. 처음에는 심장, 무릎, 성대까지 떨리는 아찔한 경험이라서 보이는 거라고는 그 선밖에 없다. 다른 것은 생각할 겨를도, 한눈을 팔 여유도 없다. 그 선만 무작정 따라가다 보면 결국 줄 끝에 다다르겠지만, 공중곡예 같은 불안감은 통역을 하는 사람이나 듣는 사람이나 마찬가지로 느끼게 된다.

오랜 경험이 쌓이고 또 강단에 서면서 나는 초롱초롱한 눈매의 예비 후배 통역사들에게 이렇게 말하곤 한다. 나무를 보지 말고 숲을 보라고. 공중곡예 하는 사람처럼 줄만 보지 말고, 집중하되 주변을 종합적으로 보는 능력과 여유를 가지라고. 끌려다니는 통역을 하다 보면 자신이 무슨 말을 하는지, 또 연사의 의도가 무엇인지를 잊게 된다. 그저 한 걸음 한 걸음 무사히 앞으로 전진하는 것에만 집중하여 추락하지 않고 무사히 살아남은 것에만 안도하게 된다. 초보 통역사들은 연사의 발화에 자기 자신을 꽁꽁 묶어두고 조금이라도 멀어지면 곧장 바닥으로 떨어질 것처럼, 끌려다니는 통역을 한다. 헉헉거리고 힘겹게 끌려다니며 자신을 놓아버린다. 하지만 그런 통역은 결국 화자 위주의 통역이지 청자 위주의 통역이 아니다. 그러나 통역은 결국 청자를 위한 소통의 서비스 아닌가?

진정한 프로라면, 연사의 의중을 꿰뚫고 분명한 메시지를 전달하는 게 중요하다. 자신을 바라보는 관중의 손에 땀을 쥐게 하는 공중곡예가 아닌, 듣는 사람이 무슨 말을 하는지 특별히 해독할 필요가 없이 편안하게 통역을 들을 수 있도록 팬서비스를 해줘야 한다. 화자의 의도를 충분히 파악하고 주제 흐름에 맞게 소화해서 편안한 언어로 전달해줘야 한다. 다시 말해, 줄 위에 정신을 묶고 끌려다니는 게 아니라, 줄 위를 걷되 자유롭고 여유롭게 사고하고 큰 그림을 살피는 담대함과 여유를 가져야 한다.

일반적으로 해외에서 타전되는 긴급속보나 발표가 아닌 경우, 그러니까 외국에서 정상이나 귀빈이 와서 한국에서 기자회견을 하는 경우에는 해당 부처에서 미리 현장에 나와 있는 기자단과 청중을 위해 순차통역을 마련하거나, 국제회의장의 경우에는 동시통역을 준비해놓는다. 그런데도 YTN에서는 굳이 현장 통역사가 있음에도 사내 동시통역사를 대기시켜 통역하는 상황이 수차례 발생했다. 그나마 동시일 경우에는 연사의 발화에 맞춰 통역하면 되지만, 정말 어처구니없는 상황은 순차통역이 있는 상황에서 연사의 발화가 끝난 후, 현장 통역사가 통역을 하는 동안 그 오디오를 지우고 YTN 스튜디오에서 통역사가 통역을 해야 하는 순간이다. 문제는 현장 통역사와 방송국 통역사간 통역 속도가 맞지 않는다는 점이다. 현장 통역사가 먼저 끝날 수도 있고, 방송국 통역사가 먼저 끝날 수도 있어서 길이 조절이 어렵다는 것이다.

현장에서는 통역이 끝나면 연사가 말을 이어가지만, 방송국에서 원거리 통역을 할 때면, 들리지 않는 현장 통역사의 발화 조건에 맞춰서 통역을 끝내줘야 하는 더 큰 부담이 존재한다. 그렇기 때문에 이런 겹치기 통역에 대한 통역사들의 불만이 가장 많았다. 현장음을 따면 쉽게 해결될 것을 굳이 어렵게 가는 이유, 왜 일까?

그건 바로, 현장 통역사들이 자신의 통역이 방송을 타는 걸 꺼리기 때문이다. 베테랑 통역사라도 불특정 다수를 대상으로 하는 방송통역은 부담이 될 수밖에 없고, 기피하고 싶은 종류의 통역이다. 원고가 없는 통역인 경우 통역부담은 클 수밖에 없고, 거기에 전국적으로 방송된다는 위험을 감수하려는 통역사는 많지 않다. 그런 이유에서, 통번역 센터에 공지된 통역 요율표를 보면, 방송을 할 경우 통역비용의 100%를 추가 지불해야 한다고 명시되어 있다. 그러니까 방송국이 현장 통역사의 통역을 방송에 내보내려면 각 방송사가 통역비의 100%를 고스란히 지불해야 한다는 것이다. 생중계가 예고된 다급한 상황에서 해당부처 전속 통역사의 사전 동의를 받기도 어려울뿐더러, 비용적인 문제도 있어서 결국 인하우스 통역사를 둔 방송국에서는 협상 시간을 줄이고 비용절감을 위해 결국 자사 통역사를 동원해 통역하는 방법을 선택했던 것이다.

14

동시통역에 대한 오해와 진실

"툭" 치면 "탁"

쉽게 돈 버는 직업

주홍글씨

어리바리 '세상구경'

동시통역에 대한 오해와 진실

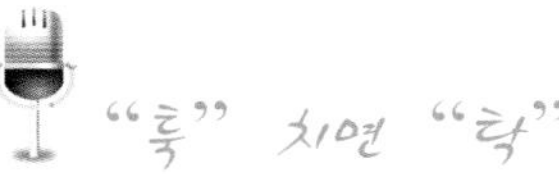

방송국 인하우스 동시통역사로 일하면서, 사람들이 동시통역사에 대해 몇 가지 오해와 편견을 가지고 있다는 것을 조금씩 피부로 깨닫게 됐다. 가장 먼저, 동시통역사가 "툭" 치면 "탁" 하고 그 자리에서 동시통역이 가능하리라고 생각하는 사람이 많다는 것이다. 갑작스러운 영어 질문을 받고 당황했던 적이 수없이 많다. "내가 너 그럴 줄 알았어," "네 목걸이 뒤로 돌아갔어"와 같은 표현이나, 국제회의 끝나고 자리를 뜰 때 같은 테이블에서 앉아 단체토론을 했던 외국대표에게 "수고하셨습니다"라고 인사를 할 때 영어로 뭐라 하면 되느냐는 등의 질문을 불현듯 받게 된다. 그들은 내가 동시통역사니까 "툭" 치면 "탁" 하고 자동적으로 나오리라 잔뜩 기대하는, 무지 부담스러운 눈빛을 쏘면서 나를 바라본다. 참으로 난감하다.

동시통역은 주제가 있고 화자와 청중 간의 대화를 위한 협력 의지가 있는 상황에서 발생하며, 동시통역사는 메시지를 전달하고 양자가 소통을 목표로 하는, 일종의 "무대나 경기장에 서는 프로"와 같다. 무대 위에 오르기 전에 열심히 안무연습을 하고 작은 움직임까지 꼼꼼히 모니터하고, 목에서 피가 날 때까지 무한 연습을 한 프로 가수와 비슷한 상황이라고나 할까? 프로 운동선수나 프로 가수에게 준비와 환경이 전혀 안 된 상태에서 무리한 요구를 하는 것과 마찬가지이다.

게다가 아까의 질문들은 한국적인 문화와 사고에서 반영된 것이 많아서 문맥 없이 그 자리에서 일대일 대응을 찾아내기가 쉽지 않은 것이 대부분이다. 예를 들어, "수고하셨습니다"의 경우, 국제회의를 마치고 자리를 떠날 때 일종의 인사 대신 쓰이는 마무리 멘트이기 때문에 이걸 곧이곧대로 "You did an excellent job." 혹은 "You did an outstanding endeavor."라고 말한다면, 상황에 맞지 않을뿐더러 오히려 상대방이 불쾌감을 느낄 수도 있다. 마치 자신이 상대를 평가하는 상사처럼 상황을 만드는 것이기 때문이다. 그러므로 회의 테이블에서 일어날 때는 "수고하셨습니다"가 아닌 간단히 "Thank you."

한 마디, 그래도 뭔가 좀 더 친근하게 끝내고 싶다면 “Thank you. Hope to see you again at the next meeting.”으로 간단하게 덧붙이면 그만이다.

동시통역사에 대해 사람들이 가지고 있는 또 하나의 편견은 동시통역사가 편하고 쉽게 돈 번다는 생각이다. 물론 어느 직업이나 애로사항과 어려움이 따르겠지만, '편하고 쉽게'라는 말에는 울컥 토를 달지 않을 수 없다. 첫 번째 편견에서 언급했던 동시통역이 자동통번역 기계처럼 "툭" 치면 "탁" 하고 영어가 나오는 게 아니듯이, 동시통역사가 되기 위해서는 먼저 많은 시간과 노력을 기울여 훈련을 받아야 한다. 흔히 한국말을 청산유수로 잘하는 원어민이나 외국에서 오랫동안 생활한 이중 언어 사용자(bilingual)라면 당연히 동시통역을 잘할 거라는 잘못된 오해를 하는 걸 본다.

하지만 외국에서 오래 살았거나 대학을 나왔고, 단지 영어 회화를 잘한다는 것만으로는 동시통역이 불가능하다. 동시통역사가 되기 위해서 필요한 기술과 순발력, 배경지식, 기술, 경험, 태도 등이 갖추어져야 가능하다. 물론 언어 능력이 타고난 사람도 있지만, 타고난 재능만으로는 부족한 게 동시통역이다. 각고의 노력과 다독, 상식, 충분한 훈련을 통한 현장 대응력이 필요하다. 그 때문에 전문 훈련 과정을 거친 통역대학원 출신들이 현장에서 활동하는 것이다.

물론 동시통역사가 된 후에도 끊임없는 자기계발과 지속적인 공부, 자기관리가 없으면 흔히들 말하는 "통역시장"에서 살아남기 힘들다. 일단 시장 진입에 성공한 동시통역사도, 통역 의뢰를 받으면 철저한 사전준비와 공부가 필요하다. 아무런 준비 없이 빈둥거리며 놀다가 현장에 도착해 그 자리에서 술술 동시통역이 되는 게 아니기 때문이다. 전문가 못지않은 공부와 철저한 분석과 예상, 심지어는 그날의 주제를 넘어서 나올 수 있는 좀 더 포괄적인 자료까지 샅샅이 훑어보고 숙지해놓아야 한다. 완벽한 소통을 위한 동시통역사들의 일은 의뢰받는 그 순간부터 시작되는 것이다. 동시통역을 하는 시간이 10분, 30분, 한 시간, 혹은 8시간이라도 사전에 들여야 하는 동시통역사의 공부 시간은 그 열 배, 백 배라고 생각하면 된다. 통역의 긴장감은 통역사의 준비 정도에 반비례한다.

따라서 제대로 준비할 시간이 갖춰지지 않는 생방송 동시통역사의 긴장감은 그야말로 상상을 초월할 정도이다. 항상 국제 뉴스를 모니터하고, 언제 터질지 모르는 비상사태에 대비해 항상 준비하고 공부하며 하루 24시간 내내 긴장상태 속에 지내야 한다. 그런데도, '몇 시간 동시하고 편하게 돈 번다'라고 말하는 속 모르는 말을 들을 때면, 억울함이 울컥 치밀어 오른다. 가시 없는 장미가 없듯이, 제아무리 겉모습이 화려해 보이더라도 상처 없는, 고통 없는 동시통역사도 없다.

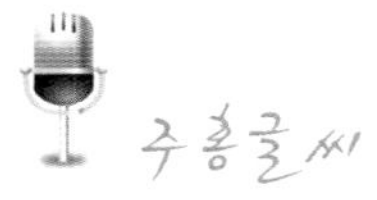

통역사들끼리 우스갯소리로 하는 소리가 있다. 동시통역사라는 타이틀은 우리들의 '주홍글씨'6)라고…. 무슨 말인가 하면, 스트레스 받고 보따리 장사 같은 프리랜서 통역사 일을 그만두고 싶어 회사에 당당히 직원으로 취직을 해도 영어를 잘한다는 이유로, 통역을 공부했다는 이유로, 국제 업무 담당 부서에 배치되어 다시 통번역 일을 전담하게 된다는 것이다. 정직원으로 취직한 것이라 고용 보장이 되고 안정적이긴 하지만, 통역사 대우보다는 훨씬 적은 급여를 받으며 통역 일을 하게 되고, 더 큰 문제는 통역 일만 주어지다보니 정작 자신이 통역 이외의 업무를 배워 전업하거나 승진할 기회와는 멀어지게 된다는 것이다. 통역보다 하고 싶은 일, 그리고 통역보다 더욱 잘할 수 있는 일이 있어도, 동시통역대학원 졸업장을 가진 사람들은 숙명적으로 통번역일과는 무관하게 살 수 없다. 우리는 자조적으로, 때론 우스갯소리로 가슴에 동시통역사라는 '주홍글씨'가 쓰여 있다고 말한다. 더러 그 주홍글씨를 떼고 전업에 성공한 사례가 있는데, 변리사 시험을 보거나, 외국 유학을 선택해 회계사나 외국 변호사가 되거나, 혹

6) 주홍글씨[The Scarlet Letter]: 너대니얼 호손의 1850년 작품. 17세기 중엽, 청교도의 식민지 보스턴에서 일어난 간통사건을 다룬 작품으로, 여주인공 헤스터는 간통한 벌로 공개된 장소에서 'A(adultery)'자를 가슴에 달고 일생을 살라는 형을 선고받는다. 이 작품으로 '주홍글씨'는 평생 뗄 수 없는 낙인의 비유적 표현으로 사용되게 됐다.

은 드문 경우이기는 하지만 사법고시를 통과해 판사나 검사, 변호사가 되는 경우도 있다. 동시통역사에서 회사원으로 편입되어 일하기는 여러모로 쉽지 않지만, 또 다른 전문직으로의 전업 기회는 비교적 열려 있다는 뜻이다. 그리고 최근에 두드러지는 현상은 점점 실용위주, 취업위주, 실무위주의 대학 교육을 원하는 학생들이 늘어나면서 번역학, 통역학이 새로운 학문으로 자리매김해가고 있다는 것이다. 졸업 후 실무 통번역을 하면서 박사학위를 취득해 학자의 길을 선택하는 통역사가 늘고 있다.

동시통역사라는 주홍글씨, 떼기 어려운 세상의 낙인이지만 뒤집어 생각해보면 그 분야에서 내가 최고이고 나 이상 잘할 수 있는 사람이 없다는 걸 세상이 인정해주는 것이기 때문에 불편하지만 고맙게 감수해야 할 업보인 듯하다.

동시통역은 엄청난 집중력과 순발력을 요구하는 일이다. 게다가 방송동시통역은 전혀 준비되지 않은 상황에 호출되거나, 컨디션 난조나 방송 기술상의 이유로 까딱 잘못했다가는 전국적인 망신을 감당해야 하므로, 그 스트레스가 만만치 않다. 그래서 두통이나 위장병, 부정맥 등을 호소하는 동시통역사들이 많은데 나름대로의 스트레스 관리가 필요하다. 운동이나 몰두할 수 있는 취미가 하나 있으면 좋다.

내 경우를 소개하자면, 처음에는 시간이 날 때마다 혼자 외국으로 떠나는 취미가 있었다. '나 홀로 이방인으로 존재하면서 나를 찾는 여행!' 뭐, 그렇게 거창한 의도를 가지고 여행을 시작한 것은 아니었다. 단지 세상의, 국내의, 회사의 시끌시끌함을 떠나고 싶었다. 국제 뉴스의 첨병으로 세상 소식을 누구보다 먼저 접하는 방송동시통역사라는 직업이지만, 실제로는 TV 모니터 앞에서 세상을 일방적으로 접하는 것이 꽤 답답했었기 때문이다. 그래서 일 년에 한 번 일주일 정도

2006년 6월 11일 설악산 장군봉 정상

시간이 나면, 세계 지도를 펼쳐놓고 이곳저곳을 상상하다가 무작정 떠나곤 했었다.

어디론가 혼자서 떠나면 타국 땅을 여행하다 보면 정말 아무 생각 없이 나를 비우고, 세상 사람들의 다양한 삶을 보면서 막혔던 가슴이 뚫리고 경직됐던 사고가 유연해지는 걸 느낀다.

2005년 7월 30일, 아프리카 탄자니아 킬리만자로 등정 중
가이드 제니스와 서브가이드 조셉과 함께

스스로에게 '세상구경'이라는 별명을 지어주고는 죽기 전에 내가 사는 지구 구석구석을 밟아보자는 야무진 꿈도 세웠다.

그렇게 아일랜드, 스페인, 뉴질랜드, 캄보디아, 이집트, 몽골, 터키, 러시아, 네팔, 아프리카 등지를 여행하다가 결국 눈을 돌리게 된 게 산행. 그 처음은 네팔 여행이었다. 국내의 산 한번 타보지 않은 내가 배짱도 좋게 2002년 히말라야 안나푸르나 산군의 트레킹을 다녀왔다. 완전 초짜였던 탓에 여행비용보다 등산장비를 구입하는 비용이 더 컸었다. 잘 몰라서 장비를 구입할 때 기능보다는 가격으로 판단한데다가, 아무것도 모르는 초보임을 간파한 눈치 빠른 장사치에게 바가지를 쓴 탓도 있다. 그렇게 다녀와서는 2003년 가을부터 산과 사랑에 빠져 본격적인 국내산행을 시작했다.

산에 다니다 보니 아찔한 바위구간이 많아 안전 산행을 위해 시작한 것이 아이러니하게도 '암벽타기,' 즉 '클라이밍'이다. 처음에는 실내암장에서 중심을 잡고 균형을 이동하는 법만 익힐 요량으로 시작했다. 그러다가 점차 외벽으로 나가고, 암릉길을 다니다 결국은 우리나라 바위꾼들의 성지인 인수봉과 설악산을 매년 몇 번씩 찾아다닐 정도가 됐다. 익스트림 스포츠에 분류되는 클라이밍. 떨어져 죽을 것 같은 바위에 붙어 집중하고 있을 때면, 내 정신은 오롯이 하나에만 집중된다.

2008년 1월 28일 네팔 히말라야 랑탕 산군의 강진곰파에서

반드시 딛고 일어서리라! 아찔한 바위에 매달려있으면 매순간 죽을힘을 다할 수 있다. 그렇게 나의 극한을 경험하고 나면, 체력적으로 정신적으로 한층 단단해지는 걸 느낀다. 방송 동시통역이 주는 극도의 스트레스를 더 큰 자극으로 풀고 잊은 덕분에, 15년이란 긴 세월을 견딜 수 있었던 게 아닌가 싶다. 고맙다, 클라이밍!

– 등정 중 서브가이드 조셉에게서 배운 스와힐리어 몇 마디!

폴레폴레(천천히 천천히)

하바리(안녕하세요?)

마주리(안녕합니다.)

카리부(환영합니다.)

사와사와(오케이 오케이, 괜찮아요.)

다다(누나)

카카(남동생)

트완데 라피크(갑시다, 친구.)

미미 트완데 림마 키보 폴레폴레

(저는 지금 킬리만자로 산을 천천히 오르고 있어요.)

아산떼(고맙습니다.)

– 히말라야 트레킹에 유용한 네팔어 몇 마디!

나마스테(안녕하세요)

떠빠이꼬 남 께호(당신의 이름은 무엇입니까?)

메로 남 지연호(내 이름은 지연입니다.)

네팔이 떼띠 아운더이너(네팔말 잘 못합니다.)

페리 베떠울라(다시 만나요.)

람러리 버스누스(안녕히 계세요.)

15

세계의 통번역대학

통번역의 현주소와 동향

통번역대학(원)과 교과과정

세계의 통번역대학

통번역의 현주소와 동향

통번역이란 국제 커뮤니케이션의 첨병이라 할 수 있다. 비즈니스, 외교, 정치에 필수적이고 정확한 커뮤니케이션을 통한 오해가 없어야 분쟁도 없고 화합이 도모된다. 그만큼 소통은 중요하다. 특히 자원과 천연자원이 부족한 우리나라에서 아이디어와 혁신은 주요 수출품목이니 만큼, 훌륭한 인재양성이 국가경쟁력 제고에 최우선시 된다. 게다가 요즘에는 국제시장에서 언어, 소통, 커뮤니케이션 능력이 필수로 인식되면서 통번역학에 대한 관심이 점점 더 확대되고 있는 추세이다. 따라서 이론과 실제가 겸비된 준비된 인재를 배출하는 게 관건이다.

이런 상황에서 통번역 전공 희망자를 유치하고 또 능력 있는 인재를 배출하려는 통번역대학(원) 간 경쟁이 치열해지고 있다. 우리나라 최초로 동시통역대학원으로 인가를 받은 한국외국어대학교가 1979년 개원한 이후 한국 유일의 통번역대학원으로 군림해오다가, 1997년 이화여자대학교 통번역대학원이 개원하면서 그 이후로 동국대학교, 선문대학교 등에 통번역학부, 대학원 과정이 개설됐다. 아직은 한국외대가 선두주자로서 좋은 학생과 교수진으로 명성을 유지하고 있지만, 후발주자의 혁신과 쇄신, 차별화 노력이 눈에 띄고 있다. 통번역도 바야흐로 무한경쟁의 시대에 돌입한 것이다. 통번역사 개인의 실력은 시장에서 검증되는 만큼, 통번역 시장의 수요와 요구에 맞는 맞춤형 교육이 필요하다.

통번역대학(원)의 진학을 원하는 사람 중에는 전문 통역사가 되고 싶은 사람뿐 아니라, 단지 영어를 잘하고 싶어서라는 사람이 많다. 그렇다면 현재 한국에서 전문적인 통번역 교육을 받을 수 있는 대학교를 살펴본다. 우선 학부 학사과정에 통번역 전공과목이 개설된 학교는 다음과 같다.

경희대학교, 금강대학교, 대구외국어대학교, 동국대학교, 부산외국어대학교, 한국외국어대학교 등

학부에서 연계해서 올라가거나, 아니면 학부 전공에 상관없이 통번역 공부를 할 수 있는 대학원 석사과정이 개설된 학교는 다음과 같다.

한국외국어대학교, 이화여자대학교, 선문대학교, 부산외국어대학교, 한동대학교, 서울외국어대학원대학교, 세종대학교(번역학과), 부산외국어대학교, 동국대학교, 중앙대학교 국제대학원, 제주대학교, 계명대학교 등

통번역을 꿈꾸는 사람 수가 폭발적으로 늘면서 지금까지

실전 기술 위주의 통번역이 최근 학문으로 빠르게 자리매김하고 있다. 이론과 실제를 접목한 언어학, 정치학, 기호학, 문학, 사회학, 언론학 등을 총망라한 역동적인 학제 간 학문이라는 매력 때문에 많은 사람들이 박사과정에 진출하고 있다. 위에 열거한 대학 중 통번역학으로 박사 학위를 취득할 수 있는 학교는 다음과 같다.

한국외국어대학교, 이화여자대학교, 동국대학교, 부산외국어대학교, 세종대학교(번역학 박사과정) 등

위에 열거된 통번역대학(원) 중 현재 국내외에서 가장 인지도 높고 통번역 지망자 사이에서 선호도가 높은 한국외대 통번역대학원과 이대 통번역대학원, 그리고 미국 몬테레이대학교, 호주의 맥쿼리대학교에서 제공하는 통번역대학원 과정을 소개하고, 각 프로그램의 특징을 알아본다.

[국내외 통번역 학위과정]

* 통번역대학원

1. 한국외국어대학교, 통역번역 대학원 석사과정 (2011년 현재)

* 입학: 한영과 지원자는 [한영과 국제회의통역전공/통번역전공] 또는 [한영과 번역전공] 중 택 1(이중 지원 불가)
* 전공 결정: 1학년을 마치고 2학년 진급 시 전공구분시험으로 전공 결정(한영과 번역전공 제외)
* 졸업: 과정수료 후 3년 이내에 7회(수료 당해 학기 1회 포함)까지 응시할 수 있으며, 이 기간이 경과하거나 응시횟수가 초과되면 학위청구 자격이 상실된다.

2. 이화여자대학교, 통번역 대학원 석사과정(2011년 현재)

* 입학: 통역학과 번역학 지원이 입학부터 나뉜다.

    통역학과: 전공언어 구술시험, 문장구역시험

    번역학과: 전공언어 필기시험(A↔B)

※ 각 언어별로 통역 및 번역학과를 1, 2차로 지망할 수 있으며, 동점인 경우 1차 지망생에게 우선권을 부여함.

* 전과 가능:

① 지원자격: 본 대학원 1학년 과정(두 학기)을 이수한 석사학위과정 학생

② 전형방법: 통역학과는 구술시험, 번역학과는 필기시험을 응시

③ 학점인정: 제3학기 진급에 필요한 과목을 이수한 것으로 인정

* 졸업: 과정 수료 후 4학기 이내에 종합시험에 합격

3. 고려대학교 KUMU(고려대-맥쿼리대) 통번역 과정

* 입학:

① 호주 맥쿼리대학교 통번역학과에서 출제

② 청취, 독해, 번역 및 작문 능력 평가 필기시험

* 과정:

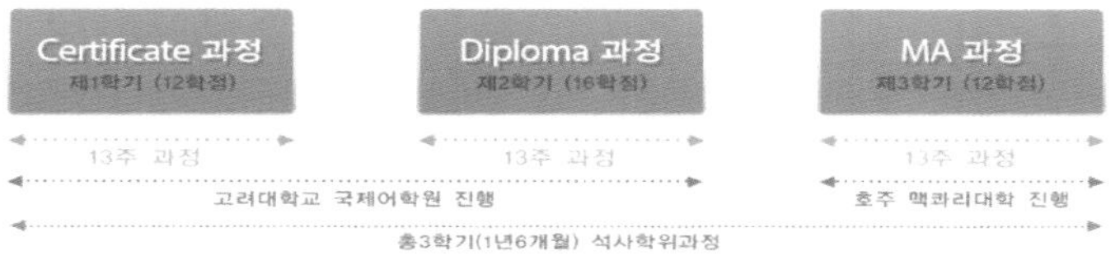

* 현지연계 석사과정

- Master of Advanced Translation KU-MU 통번역 Diploma과정을 마친 후 호주 맥쿼리대학교에서 1년 추가 이수(2월/7월 연2회 개설).
- Master of Conference Interpreting KU-MU 통번역 Diploma과정을 마친 후 호주 맥쿼리대학교에서 1년 추가 이수(2월 개설).
- Master of Translation & Interpreting Pedagogy - NEW FOR 2010!
- Master of Translating and Interpreting with Master of International Relations 석사 복수 전공-KU-MU 통번역 Diploma과정을 마친 후 맥쿼리대학교에서 1년 또는 1.5년 추가 이수
- Master of Translating & Interpreting with Master of Applied Linguistics(TESOL) 석사 복수 전공-KU-MU 통번역 Diploma과정을 마친 후 맥쿼리대학교에서 1년 또는 1.5년 추가 이수

4. 몬테레이 GSTI: Monterey Institute of Foreign Studies (미국 캘리포니아 소재)

* 입학 요건

Language Proficiency(Required)

Standardized Test Scores(TOEFL/IELTS Scores Recommended)

Advanced Entry(Those with a Master's Degree in the fields)

Additional Preparation(Supplemental coursework prior to joining the programs)

* 교과 과정

- General course: translation theory, court interpretation
- Translation course: computer-assisted translation, thesis workshop, project management in the translation environment(planning, executing, delivering a final translation to a client)
- Interpretation course: court interpreting, action research in interpretation studies(theory & practice)
- CPT, curricular practical training: for specific employment with a specific employer(not a degree program)

현재 각 통번역대학(원)의 입학시험은 이중언어, 다중언어 사용자의 언어 능력 위주로 우수학생을 선발하고 있다. 한국외대에서는 통번역 구분 없이 입학시험을 치른 후, 1년이 지난 후 전공을 선택하지만, 이화여대의 경우에는 입학부터 전공을 분리해 교육한 후, 번역학과와 통역학과 학생들은 1학년, 즉 2학기를 이수하고 나면 승급시험을 보는데, 이 승급시험에 응시해 통과하면 번역학과 입학생이라도 1년이 지난 후 통역학과로 전과할 수 있다. 아니면 번역학과를 졸업한 후, 통역학과 2학년으로 편입하는 방법도 있다.

* 이화여자대학교 통번역대학원 교과과정 소개

[통역학과]

학기	구분	교과목명	학점수	시간수	비고
1학기	공통	통번역입문(언어별)	2	2	
		지역입문(언어별)	2	2	

■ 통번역입문(영어, 불어, 중국어, 일본어)
통번역에 필요한 이론을 다룸과 동시에 다양한 분야에 대한 주제지식을 넓히기 위해 특정 주제에 대한 조사를 실시, 여러 전문분야의 주제지식과 용어를 정리한다. 이와 관련하여 조사결과를 과제물로 제출하며 매주 1~2명의 학생이 조사결과를 발표한다.

■ 지역입문(영어, 불어, 중국어, 일본어) Native speaker인 교수의 지도로 전공외국어로 진행되는 강의이다. 시사 현안을 주제로 한 전공외국어 토의 및 발표가 수업의 초점이 된다. 전공외국어 표현력과 발표력을 집중적으로 키워 통번역의 언어적 기초를 다지는 동시에 제반 상식을 넓히는 기회가 제공된다. 전공외국어 사회의 현안 외에 이목이 집중되는 국제 뉴스도 주제로 다루며 TV, 신문, 잡지 등 다양한 언론 매체를 적극 활용하여 심도 있는 분석을 기초로 하는 토론이 이뤄진다.

학기	구분	교과목명	학점수	시간수	비고
	필수 선택	B언어숙달I (언어별)	2	2	택1
		한국어숙달I	2	2	

■ B언어숙달I(영어, 불어, 중국어, 일본어)
통번역사가 갖춰야 할 여러 요건 중 모국어 수준에 가까운 전공외국어 구사력을 들 수 있다. Native speaker인 교수의 지도하에 어휘, 표현 및 순발력을 제고시키며 동시에 전문 통번역사에게 기대되는 수준 높은 전공언어 작문과 전공언어연설 능력을 배양한다. 다양한 주제를 접하여 전공언어 사회와 문화에 대한 이해를 높이는 것도 본 과목의 학습 목표 중 하나이다.

■ 한국어숙달I
통역 · 번역에서 한국어의 이해력과 구사력은 핵심적이므로, 이 수업에서는 한국어를 B언어로 하는 학생의 한국어 이해력과 구사력을 강화하여 학기 중 통역 번역 수업에서의 기량 함양에 기초를 제공함과 동시에 2학기의 수준 높은 한국어 Ⅱ 수업과 연결되도록 한다.

학기	구분	교과목명	학점수	시간수	비고
	일반 선택	문장구역I	2	2	
		토론	2	2	
		작문	2	2	

■ 문장구역I
텍스트를 눈으로 읽어 내려가면서 파악된 내용을 통역해 내는 문장구역 I 에서는 비교적 쉬운 내용과 짧은 텍스트를 사용하여 주어-서술어를 먼저 읽고 중간부분

을 파악하여 문장을 통역하기 편리하게 끊어서 이해하는 능력 배양에 훈련의 중점이 주어진다. 동시통역을 위한 준비과정으로서도 의미를 갖는 문장구역을 통해 언어차이에서 오는 통역상의 문제점을 극복하기 위한 다양한 접근방법이 모색된다.

■ 토론
통역 수업 외에 집중력, 분석력, 논리적 사고 및 순발력을 향상시키는 데 있어서 가장 효과적인 교과목이 있다면 전공외국어 토론일 것이다. 찬반론이 첨예하게 대립되는 주제를 택하여 native speaker 교수의 지도로 두 팀이 즉흥적인 논쟁을 벌인다. 여기서는 상대의 말을 경청해서 듣고(listening comprehension and analytic skills) 자신의 논리를 정립하고(logical processing) 설득력 있게 반박하는 기술이 함양된다.

■ 작문
이 수업은 주로 전공 외국어의 쓰기 능력을 함양하는 것을 목표로 한다. 주제가 제시되면 그 핵심을 파악, 기술하고 이를 논리적으로 발전시켜 자신의 견해를 문장을 통해 피력하는 능력을 기르는 것이다.

	전공	순차통역I AB	2	2	
		순차통역I BA	2	2	

■ 순차통역I AB
통역의 기본을 익히는 데 중점을 둔다. 단순한 전달연습과 내용 요약 등의 훈련을 통해 출발어의 메시지를 정확하게 이해하고 분석하여 도착어로 재생하는 능력을 키운다. 노트-테이킹의 훈련을 통해 가장 효과적인 전달방법을 익힌다. 또 학생들이 주제별로 발표하는 시간을 가짐으로써 프레젠테이션 기술을 함께 배양한다.

■ 순차통역I BA
수업의 목적과 방법은 위의 순차통역Ⅰ AB와 동일하다.

2학기	공통	주제특강I	2	2	

■ 주제특강I, II
경제, 과학, 정보통신 등 분야별 전문가를 초청하여 특강을 개최함으로써 특정 주제에 대한 전문 주제지식을 습득함과 동시에 해당 분야에 대한 리포트를 제출해 새로운 지식의 정리를 돕고 모의국제회의를 통한 동시통역 훈련도 병행한다.

	필수	외국어II(언어별)	2	2	택1
	선택	한국어II	2	2	

■ 외국어II(영어, 불어, 중국어, 일본어)
외국어Ⅱ(영어, 불어, 중국어, 일본어)는 한 단계 높은 전공외국어 구사력의 함양

을 목표로 한다. 통역이나 번역의 대상이 되는 연설이나 문헌의 내용이 아주 전문적이므로 이러한 전문성을 언어로 재현하는 능력은 매우 중요하다. 다양한 전문 텍스트를 교재로 수업목표를 달성한다.

■ 한국어II
1학기의 B언어숙달(한국어)에 이어 수준 높은 한국어 구사력 훈련을 집중적으로 실시하여 다양한 분야에 대해 최고 수준의 구두 발표력 및 작문 능력을 함양한다. 또한 자주 인용되는 속담, 격언, 고사성어 등도 강의된다.

	일반	문장구역II	2	2	
	선택	실무번역I	2	2	

■ 문장구역II
문장구역Ⅱ에서는 동시통역처럼 부스를 이용해 연사의 발화속도에 맞추어 텍스트를 문장구역 해내는 능력을 배양한다. 학생들은 미리 제공된 Written Text를 참조하여 청각으로 감지되는 텍스트 내용을 통역해 내는 훈련을 집중적으로 연습하게 된다. 회의에 실제 사용된 텍스트 또는 고난도의 텍스트를 문장구역 해낼 수 있는 능력을 배양하는 데 기본 목표를 두며 실제 통역과 동일한 메커니즘의 훈련에 적응하는 능력을 배양한다.

■ 실무번역I, II
통역사로서의 직무에 수반될 수 있는 다양한 문서 번역작업을 양방향으로 수행해내기 위한 능력을 배양하는 교과목이다. 시사적인 내용부터 시작하여 발표자료, 사내문서, 연설문, 경제보고서, 기술설명서, 법률문서 등의 다양한 형태의 텍스트들을 양방향으로 번역하는 기법을 배우고 훈련을 하게 된다.

	전공	순차통역II AB	2	2	
		순차통역II BA	2	2	

■ 순차통역II AB
본격적인 순차통역 연습에 들어간다. 매주 주제를 정하여 다양한 주제지식을 익힐 수 있도록 한다. 난이도가 높은 것보다는 폭넓은 주제를 다루는 데 중점을 둔다. 사전 리서치를 통해 주제지식을 습득하고 다양한 분야에 대응할 수 있는 언어구사력, 표현력, 배경지식을 익힐 수 있도록 지도한다.

■ 순차통역II BA
수업의 목적과 방법은 위의 순차통역Ⅱ AB와 동일하다.

3학기	공통	주제특강 II	2	2	

■ 주제특강I, II
경제, 과학, 정보통신 등 분야별 전문가를 초청하여 특강을 개최함으로써 특정 주제에 대한 전문 주제지식을 습득함과 동시에 해당 분야에 대한 리포트를 제출해 새로운 지식의 정리를 돕고 모의국제회의를 통한 동시통역 훈련도 병행한다.

	일반 선택	통역고급이론 실무번역 II	2 2	2 2	

■ 통역고급이론

연구 활동으로 이어지는 통역학의 이론연구 및 체계수립을 위한 지도를 한다.

■ 실무번역I, II

통역사로서의 직무에 수반될 수 있는 다양한 문서 번역작업을 양방향으로 수행해내기 위한 능력을 배양하는 교과목이다. 시사적인 내용부터 시작하여 발표자료, 사내문서, 연설문, 경제보고서, 기술설명서, 법률문서 등의 다양한 형태의 텍스트들을 양방향으로 번역하는 기법을 배우고 훈련을 하게 된다.

	전공	순차통역III AB 순차통역III BA 동시통역I AB 동시통역I BA	2 2 2 2	2 2 2 2	

■ 순차통역III AB

다양한 주제를 다루되 좀 더 난이도가 높은 텍스트를 선정한다. 또 주주총회 등 몇 가지 특수한 분야를 정하여 해당 분야에 필요한 전문지식과 정확한 용어선택, 어휘 등을 익히도록 한다. 학기말에는 그동안 다루었던 분야별 전문용어를 정리하고 점검하는 시간을 갖는다.

■ 순차통역III BA

수업의 목적과 방법은 위의 순차통역Ⅲ AB와 동일하다.

■ 동시통역I AB

동시통역Ⅰ은 순차통역Ⅰ,Ⅱ과정을 끝낸 학생들이 수강하게 된다. 동시통역의 기계적 원리를 습득한 후 발언과 동시에 통역이 이루어지도록 기초적이고 반복적 연습을 한 후 짧고, 간단한 이야기를 B→A 방향으로 통역을 시작하며 텍스트 내용도 점진적으로 전문성과 문장 난이도를 올린다.

■ 동시통역I BA

수업의 목적과 방법은 위의 동시통역Ⅰ AB와 동일하다.

4학기	전공	모의국제회의 통역현장교육 순차통역IV AB 순차통역IV BA 동시통역II AB 동시통역II BA	2 2 2 2 2 2	2 2 2 2 2 2	

[번역학과]

학기	구분	교과목명	학점수	시간수	비고
1학기	공통	통번역입문(언어별)	2	2	
		지역입문(언어별)	2	2	

■ 통번역입문(영어, 불어, 중국어, 일본어)

통번역에 필요한 이론을 다룸과 동시에 다양한 분야에 대한 주제지식을 넓히기 위해 특정 주제에 대한 조사를 실시, 여러 전문분야의 주제지식과 용어를 정리한다. 이와 관련하여 조사결과를 과제물로 제출하며 매주 1~2명의 학생이 조사결과를 발표한다.

■ 지역입문(영어, 불어, 중국어, 일본어)

Native speaker인 교수의 지도로 전공외국어로 진행되는 강의이다. 시사 현안을 주제로 한 전공외국어 토의 및 발표가 수업의 초점이 된다. 전공외국어 표현력과 발표력을 집중적으로 키워 통번역의 언어적 기초를 다지는 동시에 제반 상식을 넓히는 기회가 제공된다. 전공외국어 사회의 현안 외에 이목이 집중되는 국제 뉴스도 주제로 다루며 TV, 신문, 잡지 등 다양한 언론 매체를 적극 활용하여 심도 있는 분석을 기초로 하는 토론이 이뤄진다.

<table>
<tr><td></td><td rowspan="2">필수
선택</td><td>B언어숙달I (언어별)</td><td>2</td><td>2</td><td rowspan="2">택1</td></tr>
<tr><td></td><td>한국어숙달I</td><td>2</td><td>2</td></tr>
</table>

■ B언어숙달I(영어, 불어, 중국어, 일본어)

통번역사가 갖춰야 할 여러 요건 중 모국어 수준에 가까운 전공외국어 구사력을 들 수 있다. Native speaker인 교수의 지도하에 어휘, 표현 및 순발력을 제고시키며 동시에 전문 통번역사에게 기대되는 수준 높은 전공언어 작문과 전공언어연설 능력을 배양한다. 다양한 주제를 접하여 전공언어 사회와 문화에 대한 이해를 높이는 것도 본 과목의 학습 목표 중 하나이다.

■ 한국어숙달I

통역 번역에서 한국어의 이해력과 구사력은 핵심적이므로, 이 수업에서는 한국어를 B언어로 하는 학생의 한국어 이해력과 구사력을 강화하여 학기 중 통역 번역 수업에서의 기량 함양에 기초를 제공함과 동시에 2학기의 수준 높은 한국어 II 수업과 연결되도록 한다.

<table>
<tr><td></td><td rowspan="3">일반
선택</td><td>문장구역I</td><td>2</td><td>2</td><td rowspan="3"></td></tr>
<tr><td></td><td>토론</td><td>2</td><td>2</td></tr>
<tr><td></td><td>작문</td><td>2</td><td>2</td></tr>
</table>

■ 문장구역I, II

텍스트를 보면서 파악된 내용을 번역해 내는 문장구역 I 에서는 비교적 쉬운 내용과 짧은 텍스트를 사용하여 주어-서술어를 먼저 읽고 중간부분을 파악하여 문장을 통역하기 편리하게 끊어서 이해하는 능력 배양이 훈련의 중점이 된다. 문장구역Ⅱ에서는 고난도의 텍스트를 문장구역 해낼 수 있는 능력을 배양하는데 기본 목표를 둔다.

■ 토론

번역 수업 외에 집중력, 분석력, 논리적 사고 및 순발력을 향상시키는 데 있어서 가장 효과적인 교과목이 있다면 전공외국어 토론일 것이다. 찬반론이 첨예하게 대립되는 주제를 택하여 native speaker 교수의 지도로 두 팀이 즉흥적인 논쟁을 벌인다. 여기서는 상대의 말을 경청해서 듣고(listening comprehension and analytic skills) 자신의 논리를 정립하고(logical processing) 설득력 있게 반박하는 기술이 함양된다.

■ 작문

이 수업은 주로 전공 외국어의 쓰기 능력을 함양하는 것을 목표로 한다. 주제가 제시되면 그 핵심을 파악, 기술하고 이를 논리적으로 발전시켜 자신의 견해를 문장을 통해 피력하는 능력을 기르는 것이다.

	전공	전문번역I AB	2	2	
		전문번역I BA	2	2	

■ 전문번역 AB

국어를 전공외국어로 옮기는 번역의 실습을 위주로 하는 수업으로, 먼저 저난이도의 텍스트로부터 시작하여 한국식의 논리전개 방식을 전공외국어식으로 바꾸는 작업에 들어간다. 이렇게 재배열된 논리의 과정을 뼈대로 하여 전공외국어 문장을 만드는 훈련으로 옮겨가고, 수업이 반복됨에 따라 논리적 복잡성과 문장의 수준을 단계적으로 높인다. 또한 직역투와 한국식 전공외국어를 배제하기 위한 교육도 병행된다.

■ 전문번역 BA

이 과목은 위의 전문번역 AB에서 전공외국어와 한국어의 위치를 바꾼 것이 된다. 또한 외국문학 또는 언어를 전공하거나 개별적으로 열심히 공부한 사람이 빠지기 쉬운 역어체(외국어를 직역해놓은 듯한 문체)의 함정에서 벗어나기 위한 훈련도 병행되며, 이 부분은 한국어 수업과 밀접한 연계하에 운영될 것이다.

2학기	공통	주제특강I	2	2	

■ 주제특강I, II

경제, 과학, 정보통신 등 분야별 전문가를 초청하여 특강을 개최함으로써 특정 주제에 대한 전문 주제지식을 습득함과 동시에 해당 분야에 대한 리포트를 제출해 새로운 지식의 정리를 돕고 모의국제회의를 통한 동시통역 훈련도 병행한다.

	필수 선택	외국어II(언어별)	2	2	택1
		한국어II	2	2	

■ 외국어II(영어, 불어, 중국어, 일본어)

외국어Ⅱ(영어, 불어, 중국어, 일본어)는 한 단계 높은 전공외국어 구사력의 함양을 목표로 한다. 통역이나 번역의 대상이 되는 연설이나 문헌의 내용이 아주 전문적이므로 이러한 전문성을 언어로 재현하는 능력은 매우 중요하다.
다양한 전문 텍스트를 교재로 수업목표를 달성한다.

■ 한국어II

1학기의 B언어숙달(한국어)에 이어 수준 높은 한국어 구사력 훈련을 집중적으로 실시하여 다양한 분야에 대해 최고 수준의 구두 발표력 및 작문 능력을 함양한다. 또한 자주 인용되는 속담, 격언, 고사성어 등도 강의된다.

	일반 선택	문장구역II	2	2	
		실무통역I	2	2	

■ 문장구역I, II

텍스트를 보면서 파악된 내용을 번역해 내는 문장구역Ⅰ에서는 비교적 쉬운 내용과 짧은 텍스트를 사용하여 주어-서술어를 먼저 읽고 중간부분을 파악하여 문장을 통역하기 편리하게 끊어서 이해하는 능력 배양에 훈련의 중점이
주어진다. 문장구역Ⅱ에서는 고난도의 텍스트를 문장구역 해낼 수 있는 능력을 배양하는데 기본 목표를 둔다.

■ 실무통역I, II

이 수업에서는 양방향의 기초적인 순차통역 기량을 함양한다. 통역학과의 순차통역 AB, BA수업이 다양한 분야의 주제를 소화할 수 있는 전문 통역사를 양성하는 데 역점을 두는 반면, 번역학과 학생들을 대상으로 개설되는 이 강좌는 특정 분야에 대한 사전 지식을 충분히 갖춘 상태에서 그 분야의 순차통역을 소화하는 능력을 키우는 데 역점을 둔다.

	전공	전문번역II AB	2	2	
		전문번역II BA	2	2	

■ 전문번역 AB

국어를 전공외국어로 옮기는 번역의 실습을 위주로 하는 수업으로, 먼저 저난이도의 텍스트로부터 시작하여 한국식의 논리전개 방식을 전공외국어식으로 바꾸는 작업에 들어간다. 이렇게 재배열된 논리의 과정을 뼈대로 하여 전공외국어 문장을 만드는 훈련으로 옮겨가고, 수업이 반복됨에 따라 논리적 복잡성과 문장의 수준을 단계적으로 높인다. 또한 직역투와 한국식 전공외국어를 배제하기 위한 교육도 병행된다.

■ 전문번역 BA
이 과목은 위의 전문번역 AB에서 전공외국어와 한국어의 위치를 바꾼 것이 된다. 또한 외국문학 또는 언어를 전공하거나 개별적으로 열심히 공부한 사람이 빠지기 쉬운 역어체(외국어를 직역해 놓은 듯한 문체)의 함정에서 벗어나기 위한 훈련도 병행되며, 이 부분은 한국어 수업과 밀접한 연계하에 운영될 것이다.

3학기	공통	주제특강 II	2	2	

■ 주제특강I, II
경제, 과학, 정보통신 등 분야별 전문가를 초청하여 특강을 개최함으로써 특정 주제에 대한 전문 주제지식을 습득함과 동시에 해당 분야에 대한 리포트를 제출해 새로운 지식의 정리를 돕고 모의국제회의를 통한 동시통역 훈련도 병행한다.

	일반 선택	번역고급이론 실무통역 II	2 2	2 2	

■ 번역고급이론
연구 활동으로 이어지는 번역학의 이론연구 및 체계수립을 위한 지도를 한다.

■ 실무통역I, II
이 수업에서는 양방향의 기초적인 순차통역 기량을 함양한다. 통역학과의 순차통역 AB, BA수업이 다양한 분야의 주제를 소화할 수 있는 전문 통역사를 양성하는 데 역점을 두는 반면, 번역학과 학생들을 대상으로 개설되는 이 강좌는 특정 분야에 대한 사전 지식을 충분히 갖춘 상태에서 그 분야의 순차통역을 소화하는 능력을 키우는 데 역점을 둔다.

	전공	① 문학번역 I AB	2	2	①②③ 중 택2
		문학번역 I BA	2	2	
		② 기술번역 I AB	2	2	
		기술번역 I BA	2	2	
		③ 미디어번역 I AB	2	2	
		미디어번역 I BA	2	2	

■ 문학번역 AB
하나의 작품을 선정, 학생이 일단 번역본 초고를 만든 후 교수 및 동료 학생들과의 토의과정을 통해 수정, 개선함으로써 한국어 문학작품을 전공외국어로 옮기는 능력을 함양한다.

■ 문학번역 BA
위의 문학번역 AB의 방향을 반대로 한 것으로, 학습목표와 방법은 같다.

■ 기술번역 AB
법률, 과학기술 등 여러 분야에서 사용되는 어휘, 표현, 문장구성방식 등을 집중적으로 다뤄 학생들이 이들 분야에서 쓰이는 글(전공외국어)에 익숙해지고 나아가 이들 분야의 한국어 텍스트를 정확하고 매끄러운 영문으로 바꾸는 능력을 함양한다.

■ 기술번역 BA
위의 기술번역 AB의 방향을 반대로 한 것으로, 학습목표와 방법은 같다.

■ 미디어번역 AB
한국어 또는 외국어로 음향처리가 된 각종 영상매체(영화, TV 프로그램, 비디오 등)에 대해 전공외국어 또는 한국어로 자막 또는 더빙용 텍스트를 만드는 능력을 함양한다. 특히 미디어 번역은 길이(글자 수)가 성패를 좌우하는 데다 거의 대부분 대중용이기 때문에 쉬운 표현을 써야 한다는 제약이 있으므로 이를 극복하는 훈련도 실시된다.

■ 미디어번역 BA
위의 기술번역 AB의 방향을 반대로 한 것으로, 학습목표와 방법은 같다.

4학기	전공	번역실습평가	2	2	
		번역현장교육	2	2	

■ 번역실습평가
번역실습평가는 본인이 특별히 관심 또는 자신감을 갖고 있는 분야의 문헌을 선택하여 한국어→전공외국어 또는 전공외국어→한국어 번역을 실시하는 과목이다. 학생은 매주 지도교수와 접촉, 번역 작업의 진척을 평가받는다. 3인 심사제를 도입하여 최종 평가는 3인의 심사위원이 평가한다.

■ 번역현장교육
번역소요기관 내의 인턴십이나 project simulation을 통한 현장교육이다.

	전공	① 문학번역II AB	2	2	①②③ 중 택2
		문학번역 II BA	2	2	
		② 기술번역 II AB	2	2	
		기술번역 II BA	2	2	
		③ 미디어번역 II AB	2	2	
		미디어번역 II BA	2	2	

후기

1995년 2월, 외대통역대학원을 졸업하면서, 스파르타식 공부와 전쟁 같은 훈련에 진이 다 빠진 나는 '내 평생 학교 공부는 여기서 끝이다'라며 속으로 다짐했었다. 그리고 IMF 이후 외무고시 준비를 하다가 공무원 생활도 잠시 해보고, 프리랜서 통역사로도 잠시 뛰어봤다. 일과 병행해 자기계발의 명목으로, 미학 강의도 듣고, 일본어 학원도 다니고, 불어도 배우고, 바이올린과 심지어 요리학원까지 다녀봤지만, 뭔가 허전하고 공허했다. 아무리 다이내믹한 방송국 일이지만, 직장 생활이 오래되면서 계속 비워지기만 하고 새로운 콘텐츠가 채워지지 않는 느낌이었다.

그러다 2002년 3월, 마침내 세종대학교 번역학 박사 과정에 입학했다. 내가 박사학위를 한 세종대학교는 2003년 국내 대학원 사상 최초로 번역학 전공 석 · 박사 과정을 개설한 학교이다. 그전까지는 국내의 기존 통번역 대학원이 석사 학위 과정으로 실무 통번역사를 배출해왔다면, 세종대에서 처음으로 번역학 박사를 배출하기 시작한 것이다. 그 이후 외대와 이대, 동국대 등에서도 박사과정을 개설하기 시작했지만, 세종대 번역학 박사과정의 가장 큰 매력은 나처럼 인하우스 통역사 생활을 하면서, 혹은 직장 생활을 병행하면서 박사학위를 할 수 있도록 배려해 주고, 과목 선택의 폭이 넓다는 점이다.

물론 일주일에 4~5일 근무하고, 특보 상황 때는 추가 비상 근무까지 해야 하는 직장에서 학업을 병행하는 건 결코 쉽지 않았다. 주중 하루에 몰아서 아침 9시부터 저녁 6시까지 점심 시간도 없이 수업을 들었고, 대신 주말 근무를 자청해 학기 중에는 일요일을 반납하고 황금 같은 주말을 회사에서 지내야 했다. 박사학위를 하는 9학기 동안, 정말 눈코 뜰 새 없이 보냈다. 한꺼번에 일이 겹칠 때는 정말 포기하고 싶고, 또 포기할 수밖에 없을 것 같았다. 이걸 해서 뭐 하랴 하는 회의감도 밀려왔지만, 그래도 공부하는 동안 통역 현장에서 감(感)으로 터득한 노하우가 이론과 접목되는 걸 발견하는 배움의 즐거움도 컸다.

실제로 도중에 한 번 포기하려고 마음먹었었다. 박사 논문을 쓰고 있던 중이었는데, 치악산에서 실족하여 헬기로 구조되는 대형사고가 있었다. 이후의 나는 많은 것이 변했다. 너무 악착같이 살기보다 욕심 없이 마음의 평화를 누리는 것이 더 중요한 것이 아닐까 하는 생각도 들고, 하여튼 이 사고는 많은 부분에서 내가 기존에 가지고 있던 인생관을 돌아보게 되는 계기가 되었다. 학위를 그만두고자 지도 교수님을 찾아 뵈었다가 눈물 콧물 쏙 빼도록 야단을 맞고, 결국 공부를 포기하는 걸 포기하고 말았다(^^). 이렇게 흔들릴 때 잡아주신 곽은주 교수님 외에도 주변의 많은 분들의 채찍질과 격려, 응원이 없었다면 박사학위를 마치는 건 불가능했을 것이다.

그렇게 15년 동안 YTN 실무방송통역의 현장 노하우를 이론과 접목해, 마침내 지난 2006년 8월 「TV 방송 기사 번역의 특성과 전략」이라는 박사논문으로 세종대에서 번역학 박사학위를 받았다. 그 후, 2007년 1학기부터 지금까지 이화여자대학교 번역학과 실무통역 강의를 담당해오고 있다.

이 책은 방송동시통역의 실천 노하우와 체험담을 통역과 영어 공부에 관심 있는 사람들을 위해 비교적 쉽고 재미있게 쓰려고 노력했다. 부록에서는 본인이 2008년, 『번역학연구』 9권 2호에 발표한 소논문을 수록했다. 문자텍스트와는 차별화되는, 소리와 이미지의 번역은 멀티미디어 시대의 통번역학이 당면한 새로운 챌린지이며, 동시에 학문적으로 무한한 가능성을 지닌 통번역학의 신대륙이라 할 수 있다. 그런 의미에서 TV뉴스 번역의 사례 연구를 통해 TV 뉴스 번역의 특징과 전략을 살펴보았다.

소리와 이미지의 번역
—TV 뉴스 번역 사례 연구를 중심으로—[7)]

이 지 연
(이화여자대학교 통역대학원 겸임교수)

1. 서론

1.1. 연구 목적과 필요성

지난 90년대 중반부터 영상 매체의 종류와 수요가 증가하면서 외국에서 수입되는 프로그램도 크게 늘었다. 외국 프로그램들은 3개 공중파 방송뿐 아니라 30개가 넘는 케이블 방송, KBS의 위성 방송 2개 그리고 지역 민방에서까지 다양한 형태로 시청자들의 눈과 귀를 사로잡고 있다. 게다가 영화 시장의 개방으로 수많은 외국 영화가 쏟아지고 영화 전문지가 수십여 종이 넘을 정도이며, 인터넷의 급속한 발전으로 종이 책보다는 귀로 듣는 오디오북과 이북(e-book)이 등장해 바쁜 현대인과 시청각 자극에 민감한 어린아이들 사이에서 큰 각

7) 『번역학연구』 9권 2호 (193~215), 2008년 게재. 위 논문의 재인쇄를 허락해주신 한국번역학회(Kats.or.kr)에 진심으로 감사드립니다.

광을 받고 있다. 세계는 바야흐로 다매체 시대(Multi-media Age)에 진입해 있고, 이에 따른 번역 시장의 요구 변화에 맞춰 번역 형태도 변해가고 있다.

이런 시장 수요에 발맞춰 번역 형태뿐 아니라 외국어 교육 환경까지도 시대에 맞게 변하고 있다. 즉, 과거의 읽고 쓰는 평면적 차원의 언어 연구에서 멀티미디어, 즉 방송이나 영화 등의 영상매체, CD-ROM, 오디오북처럼 보고 듣고 말하는 쪽으로 변화하고 있다. 주로 문자를 정보 전달의 매체로 삼던 과거와 달리 오디오와 비디오를 동반한 정보가 TV와 인터넷 보급을 타고 폭발적으로 늘고 있으며, 수용자들의 호응을 받고 있는 상황이다. 따라서 번역물 역시 문학 서적이나 에세이 같은 인쇄물 못지않게 영상물 번역 수요가 크게 증가하는 추세이며 번역학의 흐름도 서서히 그 대세에 부응하고 있다.

1.2. 멀티미디어 텍스트의 정의

그러나 아직 우리나라에서는 실제 변모해가는 번역 현상을 설명할 구체적 이론적 바탕이 미진한 결과, 이미 독일과 미국에서 힘을 실어가고 있는 멀티미디어 번역 분야에 대한 연구가 전무한 실정이다. 심지어 용어조차 생경하게 느껴질 정도이다. 명칭조차 영상번역, 방송번역, 방송통역, 매체번역 등으로 통일되지 않은 채 혼용되고 있다. 이 혼재하는 용어를 아

우르는 용어가 있다면 바로 문자와 소리, 영상이 동반되는 멀티미디어 텍스트일 것이다. 셔틀워스(Shuttleworth)와 코우이(Cowie)는 멀티미디어 텍스트란 라이스(Reiss)의 기본 텍스트 유형, 즉 표현, 정보, 작용 텍스트를 보완하는 부차적 텍스트 유형으로 사용한 용어로, 멀티미디어 텍스트의 카테고리에는 음성 콘텐트가 다른 미디어의 요소로 보완되는 텍스트가 포함된다고 정의했다(셔틀워스와 코우이, 109-110). 노래와 만화, 연극, 라디오, TV 방송이 멀티미디어 텍스트의 대표적인 유형이고, 따라서 번역가는 각자의 매체에 부합하는 원래의 사용 목적에 맞게 번역을 해야 한다.

문자로 되어 있는 텍스트를 문자로 번역하는 것(문자 텍스트 → 문자 텍스트) 이외에 영상을 보고 듣고 하는 번역(오디오·비디오 텍스트 → 문자 텍스트), 거기서 번역에 더빙 혹은 보이스-오버(번역된 문자 텍스트 → 오디오 텍스트)까지 한다면 또 한 번의 매체의 변환이 발생하게 된다. 또한 자막이나 서브타이틀처럼 마지막 단계가 오디오 텍스트가 아닌 비디오 텍스트(번역된 문자 텍스트 → 자막 텍스트)로 전환되는 경우도 있다. 그리고 만약 중간의 문자 텍스트로의 중간 변환작업 없이 비디오와 오디오 텍스트에서 즉시 목표언어 TL(Target Language)의 오디오 텍스트로 번역(오디오·비디오 텍스트 → 오디오 텍스트)된다면 이것이 방송동시통역이 되는 것이다.

그러나 최종 결과물이 오디오 혹은 비디오 텍스트 형태로 전달되기 때문에 더빙 혹은 보이스-오버를 누가 하느냐, 자막처리를 하느냐에 따라 명칭도 제각각이다. 번역자 자신일 경우에는 방송 통역(YTN 위성통역, KBS 위성번역), 성우를 기용할 때는 방송 번역, 여기에는 케이블 TV와 공중파에서 방송되는 대부분의 해외 다큐물이 포함된다. 자막처리를 할 경우에는 영상 번역이라고 불리며, 대부분의 개봉 영화 및 비디오, 기타 TV 영상물의 인서트가 여기에 해당한다. 이외에도 전달 매체가 다르다고 통칭하여 매체 번역이라 부르기도 한다. 그러나 이 사이에서도 정확한 분류가 이뤄지지 않고 있으며 혼용되고 있는 실정이다.

1.3. 멀티미디어 텍스트의 종류

외국 프로그램이 일단 우리나라에 들어와 시청자에게 전달되려면 어떤 매체를 통하든 필히 "번역"이라는 과정을 거쳐야 한다. 물론 책, 잡지, 라디오 전파 등 다른 전달 매체의 역할도 활발하지만 그 중에서도 가장 직접적으로 전달될 수 있는 수단은 영상 매체를 꼽을 수 있다. 단순히 귀로 듣고 눈으로 읽는 것에서 귀로 들으면서 눈으로 보는 화면은 그 전달 효과가 큰 만큼 그에 따른 충격도 크다고 볼 수 있다. 영화 및 비디오, 외신뉴스, 케이블 TV의 시트콤이나 드라마 번역, 만화영화, 항공기 기내 방송용 다큐멘터리, 아리랑 TV의 한국 드라마 영・중・일어 번역, 기업・기관 홍보용 비디오 및 CD-ROM 번역 등 종류도 다양하다.

가장 폭발적인 수요가 창출되는 곳이자 실제로 많은 번역이 일어나고 있는 분야가 영화와 드라마이다. 실제로 극장용 및 KBS, MBC, SBS, OCN 등 방송용 외화의 경우에는 스크립트가 제공된다. 그러나 반드시 비디오 참고를 필요로 한다. 문자와 소리와 음향, 분위기 등이 다면적으로 고려되어야 하는 종합번역이라고 할 수 있다. 경우에 따라 스크립트와 일치하지 않는 대사와 빠진 부분이 있어 부분적으로 오디오 텍스트에만 의존해야 하는 경우도 있어, 문자 텍스트의 번역과는 다른 번역 전략과 기술이 요구된다. 다양한 영상 번역 지침서가 나와 있고 거기서 요구되는 번역 전략을 이론적으로 정리하는 것도 의미 있는 연구가 되겠지만, 우선은 뉴마크(Newmark)의 텍스트 유형 분류에 따라 멀티미디어 텍스트를 세 가지 유형으로 나누어 보겠다. 그에 따르면 표현적 텍스트를 영화, 드라마로 분류하고, 정보적 텍스트에는 TV 뉴스와 다큐멘터리, 홍보성 텍스트에는 각종 광고나 홍보 영상물이 포함될 것이다.

일반적으로 영상번역, 미디어 번역하면 대표적으로 영화와 드라마를 떠올리지만 그 외에 국내외 라디오, 텔레비전 등 대

중 매체를 통해 접하는 사회, 문화, 과학, 예술 등 다양한 주제의 번역 활동도 못지않게 활발하다. 세계적인 인기를 모은 외국 뮤지컬이 내한 공연하는 경우에서 영한 번역이 자막 형태로 이뤄지고 있으며, 작품의 이해도를 높이기 위한 관객들의 번역품질 개선 요구도 커지고 있다. 최근에는 우리 문화를 알리기 위한 노력으로 한국어로 제작된 영화와 드라마, 뮤지컬이 외국어로 번역되어 수출되는 경우가 점차 늘고 있다. 일례로 외국에 수출되는 국내 대표 뮤지컬 '명성황후'도 초연 이래 10년간 끊임없이 자막을 수정해 오고 있지만, 거처하는 곳이 동쪽이라 붙여진 왕세자, 황세자를 일컫는 '동궁'의 올바른 영어번역을 찾느라 고심하고 있다.[8] 소리와 영상을 동반하는 멀티미디어 번역의 수요와 시장이 확장되는 만큼, 그에 따른 적절한 번역 전략에 대한 연구가 수반되어야 한다.

2. 방송뉴스 텍스트의 번역 전략

본 연구에서는 다양한 멀티미디어 텍스트 중에서 TV 뉴스 번역에 초점을 맞춰 소리와 이미지가 동반되는 ST(Source Text: 원천 텍스트)의 번역이 활자화된 문자 텍스트와의 번역 전략과 어떤 차이점을 보이는지 알아보기로 한다. 우선 전달

8) 서울신문, 2008년 1월 5일자 "센스 있는 자막 한 줄, 뮤지컬 볼 맛나네~"기사 참조.

미디어의 차이에서 발생하는 번역 과정의 차이, 특히 소리를 번역할 때의 번역 전략에 대해 짚어본다. 외국 뉴스나 다큐물을 번역해 방송하는 결과물은 크게 네 가지 종류로 나뉠 수 있다. 더빙과 보이스오버, 전체 자막 번역과 부분 자막 번역이다. 더빙과 보이스오버의 경우에는 ST 사운드를 완전히 없애느냐, 아니면 소리를 줄여서 그 위에 덧입히는 방식이냐의 차이를 보일 뿐, 소리를 번역해 소리로 전달한다는 면에서는 동일하므로 번역 전략 역시 동일하다. 반면, 자막 번역의 경우엔 ST 사운드 위에 자막 처리를 하는 것이므로 ST의 소리를 번역하지만, 소리로 번역되는 것이 아니라 글자로 번역된다는 점에서 차이를 보인다. 즉, 여기서 소리의 번역이라 하면 소리로 전달되는 ST를 번역함을 의미하고, TT(Target Text: 목표 텍스트)가 소리인지 문자인지에 따라 구사하는 번역 전략이 달라진다. 마지막 종류의 부분 자막 번역은 내레이션 기자 리포팅 부분만 더빙이나 보이스오버를 하고, 전문가나 관련자 인터뷰 내용만 자막처리를 하는 것을 의미한다. TT의 일부가 소리로, 일부는 문자로 번역되는 형식이다. 따라서 위의 네 가지 번역 유형은 크게 두 가지로 분류될 수 있다. 즉 소리에서 소리로 번역, 여기에는 더빙과 보이스-오버, 부분 자막이 포함되고, 소리에서 문자로의 번역에는 전체 자막 번역과 부분 자막 번역이 포함된다. 본 연구에서는 소리의 번역, 그중에서도 TV 뉴스에 초점을 맞춰 TT로 번역되어 더빙 혹은 보이스오버로 전달될 때, 어떤 특징을 가지고 또 어떤 번역 전략을 필요로 하는지 살펴보기로 한다.

2.1. 배경지식(Knowledgeability)

TV 뉴스를 더빙과 보이스오버로 전달하기 위해서는, ST의 장르적 특성이 충분히 고려되어야 한다. 즉, 번역가가 뉴스 시청자들의 지적 수준과 이해도를 고려한 충분한 배경지식을 갖추고 있어야 한다는 점이다. Grice의 협력의 원칙[9]에 따라 뉴스 시청자들이 어느 정도의 정보 수준까지 가지고 있는지 기준을 정하고, 그 기준에 맞춰 용인되는 수준의 정보량을 첨삭하는 것이 TV 뉴스 번역가의 역할이다. 하지만, 소리를 듣고 번역할 때 번역가가 청취력이 약한 경우, 문맥 파악을 못하거나, 특정 고유명사를 듣지 못해 오역하는 경우가 종종 생기기 마련이다. 그런 실수와 정보의 간극을 메우기 위해서는 번역가의 배경지식과 정보 검색 능력이 필수적이다. 그 중에서도 대표적인 것이 고유명사와 속담, 관용표현에 대한 배경지식이 많아야 듣고 하는 번역의 시간을 크게 절약할 수 있고, 또한 제대로 번역할 수 있다. 한국어로 알려진 고유명사

9) 그라이스(1975)의 협력원칙(Cooperative Principle)은 사람들이 언어를 사용하는 기본 방식에 관한 것으로, 협력적인 결과를 조장하기 위해 효과적으로 언어를 사용하는 지침을 제공한다. 그라이스는 협력원칙을 양(quantity), 질(quality), 관계(relations), 그리고 방법(manner)의 네 가지 격률(maxim)로 제안하면서, 네 가지 격률을 다시 아홉 개의 하부 격률로 세분화하고 있다.

의 발음이나 표현이 전혀 다를 경우에, 이를 올바로 알아내 문맥 안에 제대로 풀어내는 것은 번역가의 청취력과 배경지식에 달렸다. 소리의 번역에서 가장 까다로운 시사상식과 고유명사, 속담, 관용 표현을 듣고 이를 정확하게 번역하는 것, 그것이 소리 번역의 최대 관건이라 해도 과언이 아니다.

2.1.1. 시사상식

그럼 여기서 사례 연구를 통해 ST의 오디오 텍스트에 사용된 시사상식을 모르거나, 잘못 알아들었을 때 번역가가 할 수 있는 오역과 실수를 몇 가지 짚어보고, 적절한 번역이 무엇인지 알아보도록 한다.

> Now, Obama is not the only one taking Clinton to test for those phone call advertisements.(출처: 2008. 3. 18, CNN International News)

여기서 "the phone call ad"는 대선을 앞둔 미국의 상황을 알아야 제대로 번역할 수 있다. 얼마 전 힐러리 후보는 텍사스와 오하이오 프라이머리를 앞두고 국가적 안보위기를 강조한 비상전화 광고전으로 연패의 늪에서 탈출하는 극적인 반전을 이뤄낸 바 있다. 당시 광고는 잠들어 있는 어린이 모습을 보여주고 전화벨이 계속 울리면 내레이터가 나와 "당신의 투표가 전화에 답할 사람을 결정하게 됩니다"라며 "누가 새벽 3시에 이 전화를 받기를 원하십니까?"라는 질문으로, 힐러리가 누구보다 국가적인 비상상황에 잘 대처할 수 있는 준비된 지도자임을 부각시켰었다. 이런 배경지식이 없다면 도대체 이것이 무엇을 의미하는지 ST만으로는 도저히 알아낼 수 없다. 직역을 한다면 더더욱 미국의 대선 과정에 관심이 없는 TT 시청자들에게는 혼동을 줄 수 있다. 따라서 이것은 '힐러리 미 대선 후보의 일명 새벽 3시 전화 광고'로 번역됐다. 또 다른 사례를 들어본다.

> Tony Blair was showered with gifts throughout his year as Britain's Prime Minister, and when he left Downing Street he left the host of toys, treasures and trinkets behind. As Robin Okley tells us Blair's successor seems to think a clean sweep is much needed at No.10.(출처: 2008. 1. 14, CNN International News)

Downing Street[10]는 영국 관청가로, 외무부와 내무부 등이 있고, 10번지에는 총리관저, 11번지에는 재무장관 관저가 있다. 영국의 근대 내각제도가 확립된 18세기부터 줄곧 총리관저가 이곳에 있었으므로 다우닝가는 영국정부의 대명사로도 사용되며, 역사상 가장 유명한 도로의 하나이기도 하다.

10) 다우닝가라는 명칭은 왕정복고(王政復古)의 공신 G. 다우닝(1623~1684)이 이 지역에 건물을 지어 재무부에 대여한 데서 유래한다.

No.10은 다우닝가 10번지에 위치한 영국 총리 관저를 의미한다. 따라서 소리를 번역해 더빙이나 보이스오버, 자막 처리를 할 때도 시간, 공간적 제약으로 주석을 달 수 없다는 텍스트 특성상 '영국 총리 공관'이라고 번역하는 것이 좋다.

2.1.2. 고유명사와 관용표현

멀티미디어 텍스트의 소리 텍스트에서 고유명사를 잡아내는 것은 번역가의 청취력과 더불어 검색능력이 가장 필요하다. 소리 나는 대로 단어를 검색해 주제에 맞는 용어를 찾아낸 후 의미를 파악하고, 그것이 한국어 표기가 정확히 어떻게 되는지를 찾는 것도 번역가의 임무이다. 아래의 예문을 보며 살펴보도록 하자.

> Asashoryu is the 350 pound grand champion of Japan's national sport··· crowned the title "Yokozuna."(출처: 2007. 12. 5, CNN International News)

일본에서는 해마다 6가지 대규모 스모 선수권 대회가 열리며, 제1인자를 요코즈나[橫綱]라고 부른다. 하지만 일본 전통 스포츠, 스모에 관한 배경지식이 없다면 번역가는 '야커즈너'라는 소리만으로 스펠을 찾아서 검색을 해야 한다. 'yakozena,' 'yokerzuner' 등 다양한 철자 조합을 찾아 검색을 하다가 yokozuna라는 올바른 표기를 찾으면, 이것이 무슨 대회 이름인지, 타이틀인지를 찾아 정보를 얻는다. 그 다음에는 한국어로 어떻게 표기하는지를 찾아 번역해야 한다. TT에서 일반적으로 알려진 표기법을 따르지 않고 '요꼬주나'라고 표기한다면 그것 역시 틀린 번역이 된다.

고유명사 외에 소리 번역에서 가장 큰 애로점은 바로 익숙하지 않은 숙어와 관용표현이다. 문자 텍스트도 마찬가지이겠지만, 문자는 표현을 보고 찾아볼 수 있지만 소리 텍스트는 들을 때 익숙하지 않은 표현의 청취가 어려워 정확한 표현을 찾아내는 데 어려움이 많다. 예를 들어, 2008년 1월 31일자 CNN International News에서 '맥도날드와 스타벅스 간 커피 전쟁'이란 기사 중,

> A little guy like "the Mud Truck" in New York's East Village with a recipe from grandma. Some Mud lovers are telling McDonalds, 'Here's Mud in your eye.'

Here's mud in your eye는 일반적으로 '건배!'란 표현의 관용표현이지만, 여기서는 the MUD Truck이라는 영세 커피업체를 즐겨 찾는 고객이 대형 소매업체 맥도날드에서 파는 커피에 대해 비유적으로 사용해 'MUD'가 이중적 의미로 강조되어 쓰

였다. 따라서 이런 배경지식과 관용표현을 알고 있다면, 외연된 의미를 찾아 내포된 의미까지 고려해 번역하는, 최선의 전략을 찾아낼 수 있을 것이다. 또 다른 예문을 살펴본다.

> He's been amazed at how the cameras have transformed his job. Less paperwork, more time on the beat?(출처: 2007. 9. 5, CNN International News)

위 기사는 영국 경찰이 범죄 행위 현장을 포착해, 반론의 여지가 없는 증거를 확보하기 위해 순찰모에 장착된 카메라, 일명 '바비캠' 도입에 관한 기사이다. 여기서 he는 영국 경찰이고 첨단 기술 덕분에 '서류업무는 줄고, 현장에서 발로 뛰는 순찰에 더 많은 시간을 할애할 수 있게 됐다'는 걸 의미한다. beat에는 고동소리, 비트, 리듬 등 다양한 의미가 있지만 순찰구역이란 뜻이 있어 on the beat 하면 '담당 구역을 순찰하다'라는 관용표현이 된다.

> December-May romances have been media cat-nip for years. Real life cougars like Demi Moore populate the tabloids. As well as celluloid cougars.(출처: 2008. 2. 22, CNN International News)

위의 예문은 <재력 있는 연상녀와 무일푼 연하남 간의 데이트 증가 추세>라는 제목의 CNN 기사에서 발췌한 것으로 'December-May romance'는 나이 차이가 많이 나는 남녀 간의 사랑, 즉 여기서의 경우는 연상녀-연하남 커플을 의미하고, 'media cat-nip'은 언론의 '단골소재'가 되어 왔고 번역되었다. celluloid cougars에서 celluloid는 영화필름을 의미하는데 다시 말해 '영화화'되었음을 뜻하고, 'cougar'[11]는 퓨마와 닮은 동물 '쿠거'가 아니라 2,3십대 젊은 남자를 유혹하는 3, 4십대 연상녀를 지칭한다. 이런 문화적 배경지식을 갖거나, 정확한 단어를 듣고 검색하는 능력이 없다면 전혀 엉뚱한 번역이 나올 가능성이 크다. 그만큼 소리 텍스트의 경우, 청취력과 문맥 속에서 의미를 파악해 정확한 의미를 짚어내는 번역자의 능력이 크게 요구된다.

2.2. 이해력(Understandability)

보그란데와 드레슬러(Beaugrande & Dressler, 1981)는 텍스트성을 심층결속(coherence), 표층결속(cohesion), 의도성(intentionality), 용인성(acceptability), 상황성(situationality), 상호텍스트성(intertextuality), 정보성(informativity) 등의 일곱 가지로 설명한다. 일곱 가지 중 '심층결속성'과 '표층결속성'은 '응집성'과 '통일성'이라는 용어로도

---

11) Cougar refers to an older woman, usually in her 30s–40s, who sexually pursues younger men in their 20s or early 30s. Term used by TV series 30 Rock(episode "Cougars"), How I Met Your Mother(episode "Aldrin Justice"), Supernatural(episode "Red Sky at Morning"), the NBC reality TV show Age of Love, jPod and One Tree Hill. On film, it was used in 2004's National Lampoon's Going the Distance and in 2007's Ocean's Thirteen. The 2007 film Cougar Club was dedicated to the subject – its plot was about two males creating a club where parties are thrown where male members get the chance to meet and have sexual encounters with "cougars."(Reference: Wikipedia)

쓰이고 있다. 보그란데와 드레슬러가 제시한 6가지 요소는 텍스트를 이해하는 데 모두 중요한 개념이지만 본 연구에서는 표층결속성과 심층결속성, 두 가지에 초점을 맞춰 살펴보았다. 먼저, 표층결속성은 텍스트에 포함되어 있는 요소들 간의 표면적인 연결 관계를 일컫는다. 예를 들어 '나는 넘어졌다. 그러므로 다쳤다'라는 문장이 있을 때, '그러므로'라는 응집을 가능하게 하는 장치(기제)를 통해 두 문장은 '표면적으로' 원인과 결과라는 관계를 가지게 된다. 한편, 심층결속성은 텍스트에 포함되어 있는 내용들 간의 '의미적인' 연결 관계를 말하며, 응집성을 가능하게 하는 장치를 통해서 의미적인 관계가 형성된다. 예를 들어 '나는 넘어졌다. 다쳤다'에서 두 문장을 통해 청자는 '넘어져서 다쳤다'라는 '의미적인' 원인과 결과의 관계를 유추하게 된다. 이 경우에, 이 텍스트는 통일성을 갖추고 있다고 말할 수 있다. 이런 결속성은 텍스트의 이해를 돕는 유용한 장치로, 멀티미디어 텍스트에서도 문장의 결속성과 주제의 통일성을 유지하는 데 중요하다.

2.2.1. 표층결속

표층적 결속구조를 유지하는 데 번역가의 역할이 강조되는 부분이 바로, ST에 사용된 다양한 지시명사의 통일성을 유지하는 것이다. 동일한 지시 대상이나 인물에 대한 다양한 표현을 TT로 번역할 때 동일하고 일관되게 표현해, 주제의 일관성과 논리의 흐름을 방해하지 않도록 해야 한다. 불과 2~3분간의 짧은 시간에 소리로 정보를 전달하는 TV 뉴스의 경우, 전하고자 하는 정보와 사실을 분명하고 간결하고 일관성 있게 전달해야 하고, 그런 정보의 일관성과 응집성을 유지하는 번역 장치가 바로 결속구조이다. 몇 가지 사례를 들어 ST에서 사용된 다양한 지시 명사나 대명사가 TT로 번역될 때 어떻게 결속구조를 유지하면서 번역되는지를 살펴본다.

> With labor so cheap, making headgear for retailers like Wal-Mart was a no-brainer for factory owner Philip Cheng. But soon this Taiwanese businessman may be making goods for his customers from an entirely different country…Cheng's company has 17 factories here in China.(출처: 2008. 4. 3, CNN International News)

ST의 Phillip Cheng과 "this Taiwanese businessman, Cheng's company"는 각각 필립 청, 대만 출신 기업인 청 씨, 청 씨로 번역되어 다른 용어로 표현된 지시 명사나 무생물 주어를 일관적으로 청 씨로 번역함으로써 표층적인 결속장치를 마련해 통일성을 기했다. 이와 유사한 대표적인 번역사례는, 국가의 수도로 국가 자체를 의미하는 경우를 들 수 있다.

> In Pakistan, several blockbusters produced by the Indian film

industry known as Bollywood have been screened in recent months after Islamabad lifted a ban on films shot in India earlier this year. The ban was imposed in 1965 after the rivals fought a war.(출처: 2008. 4. 4, Voice of America)

위의 예문은 정치문제로 갈등을 빚어온 파키스탄과 인도가 영화를 시작으로 문화 교류의 물꼬를 텄다는 주제의 2008년 4월 4일자 Voice of America의 뉴스에서 발췌한 것으로, 수도로 그 해당 국가를 상징하는 예가 나와 있다. "Seoul and Washington agreed…"의 서울과 워싱턴처럼 잘 알려진 지명이 아니라면 'Islamabad'가 파키스탄의 수도라는 것을 모르는 TT 독자들에게 '이슬라마바드'로 번역했다가는 혼돈을 가져오기 십상이다. 따라서 여기서도 텍스트의 결속성을 높이는 기제로 일관성 있게 '파키스탄'으로 번역하는 것이 올바른 번역 전략이다. 이처럼 ST 뉴스 텍스트를 번역할 때 결속성을 유지하는 장치로 주어를 통일해서 번역하는 전략이 유용하게 쓰이고 있다는 것이 관찰된다.

사람 이름이나 직함의 경우에도, ST의 다양한 표현을 통일감 있게 번역하는 것이 문자 텍스트에서보다 소리 텍스트에서 더욱 중요하다. 문자는 책장을 넘기거나 되짚어 볼 수 있지만 소리는 듣고 지나는 것이기 때문에 통일되고 일관적인 주체를 부각시키는 것이 이해도를 높이는데 유용하다. 그 일례로 지난 2007년 12월 3일 CNN International News의 'Ashley Judd and AIDS'라는 기사를 보면, ST에서는 영화배우 애슐리 쥬드를 칭하는 호칭이 Ashley Judd와 Judd가 혼용되어 쓰이고 있는데 번역된 TT 기사에서는 일관적으로 '애슐리 쥬드' 풀네임으로 쓰였다. 쥬드라는 성(性)만 번역했을 경우, '쥬드 로' 등 다른 할리우드 유명 배우를 떠올릴 수 있기 때문에 일관적으로 '애슐리 쥬드'로 번역해 통일성을 유지하는 번역 현상이 관찰된다.

2.2.2. 심층결속

지금까지 모호하거나 다양한 지시명사나 호칭, 직함이 통일되고 명시적으로 번역됨으로써, 멀티미디어 텍스트의 TT 시청자의 이해를 돕기 위한 번역 전략으로서의 표층결속 기제를 살펴봤다. 여기서 TT 시청자의 텍스트 이해도를 높이기 위한 심층결속성의 번역 전략을 살펴본다. 표층결속성과 심층결속성은 텍스트를 조직하고 관계 짓는 망이라는 점에서는 같지만, 표층결속성은 심층결속성의 겉으로 드러나는 개념관계를 명료하게 해주는 기제인 명시화 장치를 주로 사용하는 반면, 심층결속성은 TT 독자/시청자의 경험, 지식과 관련 있으며, 본인과 익숙한 세계와 텍스트를 연관시켜 텍스트를 이해하는 독자의 능력에 달려 있다. 이는 다시 말하면, 번역가가 직면하는 어려움이 원천 텍스트 자체에 달려 있다기보다는 '어떤 특정 문화, 혹은 문화 하위집단의 구성원이며 그 문화에서 발전시킨 지식과 판단과 인식의 집합체를 갖춘 독자에게 해당 번역 텍스트가 얼마나 중요한지'에 달려 있다는 것이다(Snell-Hornby, 42).

여기서 최근 중요한 개념으로 등장하는 함축이 심층결속의 중요한 장치로 사용된다. 함축이란 실제로 말하는 것 이상을 어떻게 이해할 수 있는가에 관한 것이다. 특히 문어보다 구어, 즉 문자보다는 소리 텍스트에서 그라이스(Grice)가 제시한 함축 이론은 소리를 번역하는 번역가에게 아주 유용하고 중요한 번역 전략이 된다. 그라이스가 말하는 담화의 네 가지 중요한 협조의 격률, 즉 양(quantity), 질(quality), 관련성(relevance), 방법(manner)이 번역전략으로서의 함축을 결정하는 중요한 요인으로 작용한다. 함축을 이끌어내는 맥락과 텍스트의 특징은 언어, 문화, 상황에 따라 달라질 수 있다. 여기서 멀티미디어 텍스트라는 장르적 특징까지 고려한 협조의 수준, 즉 적정한 함축의 수준을 판단하는 것은 순전히 번역가의 몫이다. 멀티미디어 텍스트는 이미지와 소리라는 비언어적 정보가 함께 전달되는 특징을 가지고 있어 문자 텍스트에 수반되는 구체적이고 기술적인 설명이 상당 부분 생략되고, 간결화, 명료화되는 특징을 보인다.

For two days, Londoners have wondered what the strange aroma in the air is. Clearly, they're not accustomed to the rural practice of muck spreading.(출처: 2008. 4. 21, CNN International News)

네덜란드 정부가 동절기 퇴비 살포를 금지하는 바람에 봄에 대대적으로 퇴비 살포가 이뤄지는데 그때 봄에 부는 동풍을 타고 퇴비 냄새가 유럽 중부와 런던까지 날아드는 것을 보도한 2008년도 4월 CNN 뉴스 기사의 내용이다. ST의 첫 번째 문장, '런던 시민들이 이상한 냄새에 어리둥절해 하고 있다'와 두 번째 문장, '분명히 그들은 농촌의 퇴비 살포에 익숙지 않다' 라는 두 개의 문장은 청자/시청자가 공유하는 경험과 지식에 미루어 '그 이상한 냄새가 퇴비 냄새겠구나'를 추론하게 된다. 하지만 이것이 TT로 번역될 때 그 함축이 명시화, 간결화, 명료화되는 현상이 관찰되었다. ST의 함축이 TT에서는 '런던 시민들은 지난 이틀간 도시를 감싼 이상한 냄새의 정체를 궁금해 하고 있다. 원인은 바로 퇴비!'로 번역됐다.[12] 보도 기사의 특성상 사회적 · 문화적 문맥에서 분리될 수 없다는 점을 고려할 때 멀티미디어 텍스트인 TV 뉴스의 번역은 오해와 혼동의 소지를 없애고, 정확한 전달과 소통기능을 중시하는 전략을 구사하는 것으로 판단된다.

12) YTN 위성통역실 번역 참고 인터넷 주소 : http://ytn.co.kr/article/0401_list.php

The movie's president, Michael Douglas, eventually settles down with his new girlfriend, but then that's Hollywood. In real life, not even Sarkozy's mother thinks that will happen.(출처: 2007. 12. 26, CNN International News)

니콜라스 사르코지 대통령이 이혼 직후 카를라 브루니라는 모델 출신 가수와 염문을 뿌리며 세계인의 관심을 모으고 있을 때 프랑스인들의 반응을 취재한 기사에서 발췌한 부분이다. ST에서 첫 번째 문장 '할리우드 영화 <아메리칸 프레지던트>에서는 대통령이 여자 친구와 이어졌다,' 두 번째 문장 '실제로는 사르코지의 모친조차 불가능하다고 생각한다'라고 할 때 의미는 많은 프랑스인들이 사르코지와 브루니 커플이 결혼할 가능성이 없다고 보는 시각을 가지고 있다는 점과 더불어 사르코지의 모친의 반대가 있다는 점이 함축되어 있다. 그 뒤에 이어지는 문장—Of her son, she said, "In his position, he's spoiled for choice. I hope no one will think of marriage. I've had enough of brides."—에서 ST에서 함축되는 정보가 더욱 구체화된다. 따라서 ST에 함축된 모친의 반대 의미가 TT 번역에서는— '영화 속 대통령은 여자 친구와 백년해로하지만, 그건 할리우드 얘깁니다. 실제로는 사르코지 모친의 반대가 만만치 않습니다. 그는 아들이 자신의 위치를 고려할 때 잘못된 선택을 했다며 또다시 며느리를 들이고 싶지 않다는 의사를 분명히 밝혔습니다.' —명료화, 구체화, 명시화되었다.

번역을 위해서는 원천 텍스트의 표층구조와 형태를 분석하는 것만으로는 부족하다. 표층구조 이면에는 심층구조 즉 의미가 존재하고, 바로 그 의미가 목표 텍스트로 번역하는 기본 바탕이 되기 때문이다. 특히 짧은 보도 텍스트일 경우에는 명료성과 경제성이 더욱 요구되며 논리적인 언어장치들이 집약적으로 사용된다. 텍스트는 저자와 독자, 혹은 화자와 청자 간에 일어나는 일종의 의사소통 과정이므로 해당 언어의 특징이나 문화적 정보 공유로 인해 특정 정보가 표면으로 드러나지 않고 숨겨져 있는 경우가 많다. 그러나 이처럼 겉으로 드러나지 않는 정보 역시 ST가 의도한 전체 의사소통의 일부이므로 경우에 따라 번역가는 이런 의미를 정확히 명시적으로 전달할 필요가 있다.

2.3. 전달성(Presentability)

멀티미디어 텍스트, 그 중에서도 본 연구에서 다루고 있는 TV 뉴스 텍스트의 경우에는 무엇보다 전달성이 좋아야 한다. 번역가의 시사, 문화, 언어적 배경 지식에 덧붙여 ST의 표층 결속과 심층결속 장치를 찾아내고 함축을 파악해 명시화는 작업 외에 수용자(receptor)의 이해를 돕기 위한 전달성이 못지않게 중요하다. 지금까지의 경우에는 ST를 TT로 번역하는 과정에서 발생하는 문제와 전략에 대해 논했지만 지금부터는

TT로 번역해 오디오 텍스트, 즉 더빙이나 보이스오버로 또 한 번의 미디어 전환이 일어날 때에 초점을 맞춰 번역가가 유념해야 할 부분에 대해 살펴본다.

2.3.1. 일관성

TT의 전달성을 높이는 가장 중요한 요인은 앞서 2.2.1. 표층결속에서 살펴봤듯이 지시명사와 호칭, 지명을 일관성 있게, 동일하게 번역하는 것이다. ST의 공지시(co-reference)를 이용한 간단한 표층결속 관계라도 ST와 TT 시청자/독자의 기존 지식과 일치하지 않으면 인식할 수 없고, 그대로 번역한다면 텍스트의 결집성과 응집력을 훼손하고, 그 결과 TT 수용자의 텍스트 이해를 돕는 전달력이 떨어진다. 앞서 사례연구에서 예로 들었듯이, ST에서는 Downing Street 와 No. 10이 같은 대상을 지시한다는 뚜렷한 표층결속 관계가 존재하지 않지만, 정부공관이 늘어선 다우닝 가의 10번지가 총리 공관을 의미하는 점을 인식할 수 있어야 텍스트를 제대로 이해할 수 있게 된다. 다우닝 가 10번지에 총리공관이 위치해 있다는 사실을 아는 사람이나 영국인이라면 누구나 충분히 알 수 있지만, 번역하면서 ST에서 의도한 공지시를 모든 TT 수용자가 성공적으로 해석할 만큼 충분한 배경지식을 가지고 있다고 예단하기는 어렵다. 따라서 '총리 공관'이라고 일관되게 반복함으로써 뚜렷한 텍스트의 결속성과 이해력, 전달력을 높이는 번역 현상이 관찰된다.

2.3.2. 대표성

TV 뉴스 텍스트의 가장 큰 특징인 명료함과 간결함은 세부적인 사항을 대표성을 띤 상위항목이나, 혹은 인지도가 더 높은 지시사로 번역하는 전략으로 확보된다. 구체적인 사례를 통해 살펴보기로 한다. 최근 뉴스에서 하루도 빠지지 않고 등장하는 미국 민주당 대선 후보, Barak Obama와 Hilary Clinton의 예비경선과 대선 결과 예측 기사의 번역을 보면, ST 뉴스에서는 Barak, Obama, Senator Obama, 혹은 Hilary, Mrs. Clinton, Senator Clinton 등이 혼재되어 사용되지만 TT에서는 한쪽은 성(性)인 오바마로 한쪽은 이름인 힐러리로 사용되는 사례가 많았다. 실제로 2008년 4월 현재 구글에서 '오바마와 힐러리'로 검색해봤더니 웹 검색 개수가 1,330,000건이었지만, '오바마와 클린턴'으로 검색하면 439,000으로 3배 이상의 차이를 보이는 것으로 드러났다. 게다가 '오바마와 클린턴'을 검색한 경우에도, '오바마 후보와 힐러리 클린턴 후보'처럼 '힐러리 클린턴'으로 이름과 성을 모두 명시하는 것이 관찰됐다. 이는 버락 오바마와 힐러리 클린턴 후보의 성을 따서 오바마 후보와 클린턴 후보로 번역해야 함이 마땅하지만, ST에서처럼

Mrs.나 Senator라는 분명히 구별될만한 호칭이 없고 대명사 she나 her를 사용하는 ST의 언어적 특성에서 성별을 유추하기도 힘들며, 또 미국 대선에 관심이 없는 TT 수용자를 위해서는 힐러리 클린턴을 단순히 클린턴 후보라고 번역했을 경우, 남편 '빌 클린턴'이 가지는 대표성이 더 크기 때문에 텍스트 이해에 혼란을 야기할 수 있기 때문이다.

ST와 TT의 문화적 차이로 대표성이 달라지는 것도 번역할 때 고려해야 할 점이다. 원천텍스트인 영어가 텍스트와 사실, 직접적인 소통을 선호하는 저도문맥소통(Low Context Communication: LCC)[13]에 가까운 반면, 문맥과 관계, 간접적 소통을 선호하는 고도문맥소통(High Context Communication: HCC)의 특징을 가지고 있는 목표텍스트인 한국어로 번역할 때 문화적 차이로 생기는 언어적 간극이 생기게 되고 그걸 메우는 일은 번역가의 몫이다. LCC와 HCC의 차이는 주소를 적을 때도 차이를 보인다. HCC의 경우에는 개인과 사실보다는 그 개인이 속한 집단과 사실에 영향을 받을 관계에 치중하는 특징을 보이며, 그런 사고가 언어 습관으로 그대로 드러난다. 이렇듯 사회적으로 문화적으로 긴밀하게 엮인 HCC에서 국가, 도시, 지역 순으로 주소를 적는 것과는 대조적으로 '우리'

13) 데이비드 카탄(David Katan)은 그의 저서 『문화 번역』(179)에서 Hall의 Contexting 개념을 HCC(High Context Communication)와 LCC(Low Context Communication)으로 나누어 문화적 차이로 인한 언어의 차이를 설명했다.

보다는 '나,' '당신,' '그'의 개체를 중시하는 LCC에서는 지역, 도시, 국가 순으로 주소를 적어나간다. 이는 뉴스 텍스트에서도 그대로 반영되는데, 본 연구 앞에서도 사례연구를 통해 살펴봤듯이, 각국의 수도명으로 국가를 대신하는 것, 단체나 정당 · 정부를 대표하는 인물로 그가 대표하는 단체나 정당 · 정부를 표시하는 경우가 많다. 그러나 단체, 관계, 집단을 중시하는 HCC의 TT로 번역할 때는 개인보다는 그 개인이 속하는 단체나 조직의 대표성이 크기 때문에 개인적인 견해를 피력하는 경우가 아니면 단체나 조직명으로 번역하는 것이 텍스트의 이해도를 함양할 수 있다.

> The US has condemned police action against Mr. Tsvangirai and his followers as "ruthless and repressive"…
> (출처: 2007. 3. 15, The Independent)

여기서 Mr. Tsvangirai는 아프리카 짐바브웨 야당, 민주변화동맹(MDC)의 당수이자 대선 후보를 의미하는데, '창기라이 당수와 그의 지지자'는 창기라이 당수 개인에 초점이 맞춰진 기사가 아니라면 '짐바브웨 야당 인사에 대한' 혹은 '야권 탄압'으로 단체와 집단의 대표성을 강조하는 것이 TT 수용자의 이해도를 높이는 번역전략이라고 할 수 있다. LCC와 HCC 수용자 사이의 문화적 차이로 생긴 대표성의 차이가 주제의 흐름 이해를 방해할 수 있기 때문이다. 야당 탄압에 관한 주제에서 '창기라이'라는 개인의 이름이 거명됐을 때 TT 수용자는 주제의 초점이 야당이라는 집단이 아닌 창기라이 개인에 대한 구체적인 탄압이나 개별적인 사건이 나올 것이라는 기대를 갖게 된다. 두 문화가 가지는 다른 대표성의 간극을 찾아내지 못한 채 번역한다면 ST의 주제를 흐리고, ST 수용자의 주의를 흩트려 이해도를 떨어뜨리는 결과만 낳을 뿐이다.

2.3.3. 용인성

멀티미디어 번역의 전달성을 높이기 위한 번역전략으로 수용자의 일관성, 대표성을 꼽을 수 있다면, 본 연구에서 다루고 있는 TV 뉴스라는 미디어 장르의 특성에서 발생하는 문제, 즉 용인성[14)]의 문제를 고려하지 않을 수 없다. 인터넷과 TV, 영화 등 멀티미디어의 영향력이 활자와 신문을 앞서고 있는 실정이고 그 만큼 대중에 미치는 영향이 큰 점을 고려해 용인성이 다른 장르보다 까다롭게 책정되어 있는 편이다. 지

---

14) 여기서의 용인성은 de Beaugrande and Dressler(1981)의 '용인성(acceptability)'이 아닌 Toury(1997)의 '용인성(acceptability)'의 개념이다. Since 1989 Toury's distinction is widely accepted between adequacy principle and acceptability principle("If the principle or norm of adequacy is applied, a translator concentrates on the distinguishing features of the original text: its language, its style and its specific culture-bound elements. If the principle of acceptability prevails, the translator's aim is to produce a comprehensible text in which language and style are fully in accordance with the target culture's linguistic and literary conventions. The two principles do not exclude each other: a translator may pursue both norms at the same time.")

방색 짙은 사투리와 억양, 심한 욕설과 농담, 저급한 은어 등은 자체 검열되거나, 각 관련 위원회로부터 경고를 받는다. 김구철의 『첨삭지도, TV 뉴스 리포트』(1988)와 이주행의 『방송화법』(1999)에서도 TV 뉴스 언어 지침으로 간결성, 정확성과 더불어 품위성을 꼽았다. 물론 원천텍스트의 뉴스 역시 보도 지침에 맞추어 비속어를 사용하는 경우가 드물지만, 목표텍스트인 한국어 TV 뉴스는 영어권에서보다 높은 사회적 기능과 역할 기대, 그리고 겸양을 중시하는 문화 때문에 더욱 공손하고, 문어적이고, 격식성이 높은 어휘 특성이 나타남을 알 수 있다. 이는 ST에서 TT로 번역되는 과정에서도 번역자의 개입, 즉 ST에서 정제되지 않은 어휘를 삭제한다든가, 아니면 부드럽고 정중한 표현으로 바꾸어 번역하는 현상을 통해 번역자가 일종의 검열자, 언어 순화자 역할을 수행하고 있는 것을 관찰할 수 있다.

3. 결론

본 논문에서는 최근 번역 수요가 급등하고 있는 영화, 연극, 뮤지컬, 홍보물 등 다양한 멀티미디어 텍스트 중에서 TV 뉴스 번역에 초점을 맞춰 소리와 이미지가 동반되는 ST의 번역이 활자화된 문자 텍스트와의 번역 전략과 어떤 차이점을 보이는지 알아보았다. 먼저 문자가 아닌 소리를 듣고서 번역할 때 필수 전제 조건은 번역가의 청취력과 배경지식이다. 번역가는 뉴스 시청자들의 지적 수준과 이해도를 고려한 충분한 배경지식을 갖추고 있어야 한다. 특히, 고유명사와 속담, 관용적 표현에 대한 배경지식이 많아야 하고, 문맥 안에 제대로 풀어내는 것도 역시 번역가의 몫이다. 배경지식으로 ST의 주제와 문맥을 파악한 이후 번역과정에 필요한 것이 바로 텍스트의 결집성을 높이기 위한 표층결속장치이고, 번역가의 역할이 강조되는 부분이 바로 ST에 사용된 다양한 지시명사의 통일성을 유지하는 것이다. 동일한 지시 대상이나 인물에 대한 다양한 표현을 동일하고 일관되게 번역해서 주제의 일관성과 논리의 흐름을 방해하지 않도록 해야 한다. 한편, 텍스트의 응집성을 높이기 위해 사용된 ST 심층결속성의 장치인 함축을 번역할 때는 그 함축을 이끌어내는 맥락과 텍스트의 특징과 언어, 문화, 상황을 파악해 멀티미디어 텍스트라는 장르적 특징까지 고려한 협조의 수준을 판단하여 생략, 간결화, 명시화하는 전략이 사용되는 것으로 관찰된다.

그런 한편, ST의 표층결속과 심층결속 장치를 찾아내고 함축을 파악해 명시화는 작업 외에 TT 수용자의 이해를 돕기 위해서는 전달성이 못지않게 중요하다. TT의 전달성을 높이는 가장 중요한 요인은 지시명사와 호칭, 지명을 일관성 있게, 동일하게 번역하는 것이다. ST의 공지시를 이용한 간단한 표층결속관계라도 수용자의 기존 지식과 일치하지 않으면 인식할 수 없고, 그대로 번역한다면 텍스트의 결집성과 응집력을 훼손하고, 그 결과 TT 수용자의 텍스트 이해를 돕는 전달력이 떨어진다. TV 뉴스 텍스트의 가장 큰 특징인 명료함과 간결함은 세부적인 사항을 대표성을 띤 상위항목이나, 혹은 인지도가 더 높은 지시사로 번역하는 전략으로 확보된다. 이런 대표성의 간극을 찾아내지 못한 채 번역한다면 ST의 주제를 흐리고, ST 수용자의 주의를 흩트려 이해도를 떨어뜨리는 결과만 낳을 뿐이다. 그와 함께, TV 뉴스라는 미디어 장르의 특성에 따르는 용인성의 문제를 고려하지 않을 수 없다. 인터넷과 TV, 영화 등 멀티미디어의 영향력이 활자와 신문을 앞서고 있는 실정이고 그만큼 심한 욕설과 농담, 저급한 은어는 순화나 삭제 등의 번역 전략을 이용한 번역가의 적극적인 개입을 필요로 한다는 것이 본 연구에서 관찰됐다.

에필로그

'1만 시간의 법칙'은 통했다

2005년 2월, 부시 집권 2기 첫 국정연설을 동시통역하던 날, 개인적으로 동시통역 역사에 큰 전환기를 맞았다. 동시통역대학원을 졸업하고 딱 10년째 되는 해였다.

– 2005년 2월 3일의 일기

오늘 부시 집권 2기 첫 국정연설이 있었다. 신입 통역사도 들이고, 북핵 같은 첨예한 문제가 걸려 있는데다, 요즘 우리 회사의 동시 강화 방침에 따라 전문과 박수시간 포함해 총 1시간 5분여를 통역했다. 내 동시 역사상 최장기록을 세운 것이며, 다른 KBS, SBS, MBC도 둘이서 주거니 받거니 했지 무식하게 혼자서 통째로 다 동시를 한 건 울 회사밖에 없다.

처음 YTN에 입사했을 때 나는 무늬만 동시통역사였고, 주로 번역 프로그램 제작 일을 했었다. 대선배이신 곽중철 부장과 나보다 나이 많은 남자 선배 통역사분들이 계셨기 때문이다. 사실 그땐 동시할 일도 많지 않았다.

강경보수파의 조지 W. 부시 Jr.가 당선되면서, 9 · 11이 터지고 미국이 이라크를 침공하면서, 갑자기 재편된 세계질서 때문에 최근 4년 전부터 부쩍 동시 상황이 늘었다.

동시통역… 그건 10년차가 돼도 여전히 스트레스다. 시작 전의 두려움과 공포, 초조함…. 그리고 PD의 동시 큐사인과 동시에 쭉쭉 올라가는 바이탈 사인들. 몸에서 열이 나고 심장 박동이 빨라지고 입이 자꾸 마르는, 극도의 스트레스에 대한 신체적 반응을 느끼며, 꼬이는 앞뒤 문장을 이어가며, 귀로 들어오는 영어 정보를 처리해내야 하는, 아주 고역스러운 일이다.

한 30분만 집중하면 정말 그로기 상태가 된다. 동시가 끝나고 나서도 밀려드는 실수와 놓친 것들… 그리고 나의 바보스러워 보임에 한심하고 부끄럽고 창피하고 그랬다.

그래서 난 늘 과연 내가 동시통역사인가를 자문하곤 했다. 타이틀만 걸어놨지 정작 동시는 피하고 싶은 것이었고, 자신도 없었고 퍼포먼스도 그다지 훌륭하지 않았다.

통역대학원에 입학해 같이 공부를 하면서도 난 내가 동시통역사가 될 줄은 정말 꿈에도 생각하지 않았다. 그건 정말 타고난 몇몇 우수한 사람들만 하는 건 줄 알았다.

그리고 YTN에 들어와, 도살장 끌려가는 마음으로 스튜디오에 끌려가 그 죽기보다 싫은 동시를 좋으나 싫으나 해온 지 어언 10년!

집이 가깝고 싱글이란 이유로, 우연처럼 운명처럼 동료들보다 더 많이, 더 긴 동시를 하는 상황이 자꾸 겹치는 것 같아 괜한 억울함과 분함이 울컥울컥 치밀던 시절도 무사히 넘겼다.

여러 해 동안 YTN의 동시통역사로 일하면서, 얼굴이 화끈거리는 자의식, 잔인한 누리꾼들의 혹평과 국장과 부장, 동료 기자들의 무언의, 때로는 농담을 가장한 비꼬는 듯한 비판을 견뎌왔다.

그리고 최근 1, 2년 사이에 조금씩 동시가 느는 걸 느낀다. 여전히 스트레스고 여전히 힘들긴 하지만, 조금씩 발전하고 있는 걸 느낀다.

월급 더 받는 것도 아니고, 빵빵한 수당이 나오는 것도 아니고, 모두들 되도록이면 피하고 싶은 동시 상황을 남보다 더 많이 더 길게 겪으면서 시나브로 단련되고 발전한 모양이다.

오늘 한 시간을 넘는 기나긴 통역을 마치고 나왔는데 여전히 부끄러운 통역이었지만 다들 잘했다, 수고했다 격려해주신다.

'잘했다, 누군지 알고 싶다'는 시청자 전화도 왔단다. 그만

둔 통역사 언니도 'Excellent Job'이라고 문자 메시지 날려주고 객관적으로 SBS와 YTN이 잘하고 타 지상파의 통역은 영 아니었다는 평이 나온다.

여전히 돈을 더 받는 것도 아니고 직급이 올라가는 것도 아니지만, 말 대접을 받고 칭찬을 받으니 뿌듯하다. 이제야 비로소 정말 프로가 된 듯하다.

그동안 남몰래 흘린 눈물과 땀, 경험이 헛되지 않아 대학원 시절 꿈도 꾸지 못했던, 그리고 일을 하면서도 결코 자부심을 갖지 못했던 나의 명함 타이틀 <동시통역사>가 나도 모르는 사이 되어 있었다.

인정받는다는 거,
스스로 뿌듯하다는 거,
그리고 부모님이 대견해하신다는 거,
그동안의 스트레스를 한꺼번에 날려준다.

나는 동시통역사, 이 지 연이다. 내가 잘할 수 있는 거, 나만이 할 수 있는 일. 그것을 지난 10년간 부지런히 꾸준히 참고 인내하면서 얻어낸 거 같다. 오늘 기분 최고다. ^^

2005년 2월 3일! 남들의 평가에 상관없이 나 스스로에게 부끄럽지 않은 동시통역사가 됐다는 자부심이 가득했던 감격의 순간을 블로그에 기록해둔 날이다. 그리고 이날은 얼마 전 화제를 모았던 베스트셀러, 말콤 글래드웰의 '아웃라이어,' 그리고 대니얼 코일의 '탈런트코드'에서 다뤄졌던 소위 <1만 시간의 법칙>을 실감하던 날이기도 하다.

<1만 시간의 법칙>에서는 좋아하면서 잘하는 일을 선택한 후, 의미 없는 단순한 반복이 아닌 몰입과 혁신이 밑바탕을 이루는 훈련과 연습을 꾸준히 한다면 마지막 단계에서 성취감과 함께 자신감을 갖는다고 강조한다. 물론 매번 원하는 만큼의 흡족한 결과를 얻을 수는 없지만, 일을 해낼 수 있는 능력에 자신감을 맞춰 진행하는 것이 필요하다. 그 자신감은 그 일을 더욱 좋아하게 할 수 있도록 해주며 연습에 몰입할 수 있는 의욕도 북돋는다. 그러면서 더 큰 목표를 성취하고 자신감도 더욱 단단해진다고 <1만 시간의 법칙>은 말한다. 방송 동시통역사로 지낸 지난 15년 동안, 전쟁 같은 상황에서 초인적인 에너지와 집중을 요구하는 스트레스 상황을 하나씩 무사히 넘길 때마다, '내 몸에 아마도 암덩어리나 사리가 생겼을 것'이라고 너스레를 떨고는 했다.

남들이 흔히 말하는 꾸준함, 성실함, 지치지 않음, 열정, 그리고 집념이라는, 진부하지만 평범한 진리가 마침내 10년이

라는 인고의 세월 끝에 통한 것 같다. 너무 익숙하다 못해 평범하기 이를 데 없는 조언이지만, 넘어지더라도 그 자리에서 다시 일어서서 전진할 수 있는 오뚝이 같은 열정과 인내가 나의 오랜 버팀목이 되어 주었다. 강단에 선 요즘, 내가 공부에 지치고 미래에 불안해하는 예비 통·번역사들에게 강조하는 것도 바로 이것이다.

세상은 산과 같아서 밑에서 보고만 있으면 아득하지만 한 걸음씩 올라가다 보면 울창한 숲 사이로 길이 열린다. 좀 더 위험한 암벽등반 코스를 택하는 사람도 있다. 정상까지 오르는 데는 인내와 끈기, 그리고 즐기는 자세가 필요하다. 그리고 무엇보다 중요한 건, 그 과정에서 나 자신이 달라진다는 것이다.

찾아보기

이지연

연세대학교 영어영문학과와 한국외국어대학교 동시통역대학원 한영과를 졸업한 후, YTN 개국 멤버로 입사해 방송통역사로 활동하다가 1998년 프리랜서 선언 후 프로젝트 통역사로 잠시 활동했다. 1999년에는 공정거래위원회 에디터로 근무하면서 IMF, IBRD, OECD 관계자 방문 시 장관 통역을 담당했다. 2000년 YTN의 부름을 받고 재입사해 지난 2010년까지 근무, 15년이라는 최장기 방송동시통역사의 기록을 세웠다.

대표적인 방송통역으로는 1997년 KAL 여객기 괌 추락사고, 2002년 9 · 11 테러와 2003년 이라크전, 2006년 반기문 유엔사무총장 취임연설, 2009년 오바마 미 대통령 당선 및 취임 연설, 2009년 이명박-오바마 대통령 한미 정상회담 동시통역 외 다수가 있다.

YTN에 재직하면서 2002년 세종대학교 번역학과 박사과정에 진학해, 2006년 6월 이론과 실무를 접목한 「TV 방송 기사 번역의 특성과 전략」으로 박사학위를 취득했다. 그 후, 고려대학교-맥쿼리대학교 KUMU 통 · 번역 과정, 동국대학교 국제정보대학원 통 · 번역학과에서 미디어 번역 · 일반 번역 등을 강의하고, 2007년 3월부터 현재까지 이화여자대학교 통 · 번역대학원에서 겸임교수로 재임하면서 실무통역을 강의하고 있으며, 한국번역학회의 홍보이사로 재임 중이다.

역서로는 『활력충전』, 『스트레스해소』, 『독소제거』, 『영양섭취』 등 웰빙 시리즈와 『2009년 라우트리지 번역학 백과사전』 등이 있고, 저술한 논문으로는 「TV 방송 뉴스 번역의 특성: 격식성과 정중성을 중심으로」, 「소리와 이미지의 번역: TV 뉴스 번역 사례 연구를 중심으로」, 「역(逆)번역을 통한 한영 번역의 훈련과 평가」 등이 있다.

방송동시통역사,
기자처럼 뛰고 아나운서처럼 말한다

초판발행 2011년 7월 15일
초판 3쇄 2019년 1월 11일

지은이 이지연
펴낸이 채종준
펴낸곳 한국학술정보(주)
주소 경기도 파주시 회동길 230(문발동)
전화 031 908 3181(대표)
팩스 031 908 3189
홈페이지 http://ebook.kstudy.com
E-mail 출판사업부 publish@kstudy.com
등록 제일산-115호(2000. 6. 19)

ISBN 978-89-268-2275-3 04740 (Paper Book)
978-89-268-2375-0 08740 (e-Book)

책에 대한 더 나은 생각, 끊임없는 고민, 독자를 생각하는 마음으로 보다 좋은 책을 만들어갑니다.